凝心聚力
建设新时代壮美广西

广西课程教材发展中心 组织编写

GUANGXI NORMAL UNIVERSITY PRESS
广西师范大学出版社
·桂林·

图书在版编目（CIP）数据

凝心聚力建设新时代壮美广西 / 广西课程教材发展中心组织编写. -- 桂林 : 广西师范大学出版社，2023.8
ISBN 978-7-5598-6001-9

Ⅰ. ①凝… Ⅱ. ①广… Ⅲ. ①时事政策教育－高等学校－教材 Ⅳ. ①G641.41

中国国家版本馆 CIP 数据核字（2023）第 087094 号

总 策 划 黄轩庄
策划编辑 黄 毓 黄玉东
责任编辑 张昀珠 由 丹 苏秋燕
助理编辑 曾丽容 庞子思
封面设计 黄璐霜［广大迅风艺术］
版式设计 梁雪芬
责任技编 石玉珏

广西师范大学出版社出版发行
（广西桂林市五里店路 9 号 邮政编码：541004
网址：http://www.bbtpress.com）
出版人：黄轩庄
全国新华书店经销
服务电话：0771-2092860
广西广大印务有限责任公司印刷
（桂林市临桂区秧塘工业园西城大道北侧广西师范大学出版社集团有限公司创意产业园内 邮政编码：541199）
开本：787 mm × 1 092 mm 1/16
印张：7 字数：100 千
2023 年 9 月第 1 版 2023 年 9 月第 1 次印刷
定价：25.00 元

前言

2022年10月16日至22日，中国共产党第二十次全国代表大会在北京举行。10月17日，习近平总书记在参加党的二十大广西代表团讨论时强调，党的二十大报告进一步指明了党和国家事业的前进方向，是我们党团结带领全国各族人民在新时代新征程坚持和发展中国特色社会主义的政治宣言和行动纲领；希望广西各级党委和政府团结带领各族干部群众，以党的二十大精神为指引，深入践行新发展理念，坚决贯彻党中央决策部署，在推动边疆民族地区高质量发展上展现更大作为，在服务和融入新发展格局上取得更大突破，在推动绿色发展上实现更大进展，在维护国家安全上作出更大贡献，在推进全面从严治党上取得更大成效，奋力开创新时代壮美广西建设新局面。

习近平总书记在广西代表团的重要讲话，是对党的二十大精神的权威精准解读，体现了总书记对广西的高度重视和殷切期望，为我们建功新时代奋进新征程提供了科学指引和根本遵循。“五个更大”重要要求，与党的十八大以来习近平总书记对广西作出的系列重要指示要求一以贯之，与时俱进，是总书记立足广西区位特点、着眼新的历史方位，赋予广西的更具政治性、时代性、战略性、指导性、系统性的使命任务，充分彰显了广西在全面建设社会主义现代化国家新征程中的地位和作用。奋力开创新时代壮美广西建设新局面，必须以党的二十大精神为指引，全面贯彻落实习近平总书记对广西“五个更大”重要要求、视察广西“4·27”重要讲话和对广西工作系列重要指示精神，一步一个脚印把习近平总书记为我们擘画的宏伟蓝图变为美好现实。

2023年是全面贯彻党的二十大精神的开局之年，是贯彻落实习近平总书记对广西“五个更大”重要要求、全面建设新时代壮美广西的起步之年，也是贯彻落实广西第十二次党代会精神的关键一年。为扎实推进党的二十大精神进教材、进课堂、进头脑，根据自治区党委教育工委的部署，我们编写了这本2023年广西大学生“形势与政策”课地方教材。本教材分为六个专题，先总述青年学生如何学习领会党的二十大精神，再分别围绕推动高质量发展、服务和融入新发展格局、推动绿色发展、维护国家安全、推进全面从严治党等主题，重点阐述“是什么”“为什么”“怎么看”“怎么干”等大学生普遍关注的理论和实践问题。

本教材的编写出版，旨在引导新时代大学生牢记领袖嘱托、勇担历史使命，增强政治意识、大局意识、核心意识、看齐意识，坚定中国特色社会主义道路自信、理论自信、制度自信、文化自信，把深入学习贯彻“五个更大”重要要求、全面建设新时代壮美广西作为坚定拥护“两个确立”、坚决做到“两个维护”的具体行动，深刻把握广西在全国发展大局中的地位和作用，紧跟伟大复兴领航人踔厉笃行，奋力谱写中国式现代化广西篇章。

征途在星辰大海，潮涌于壮美山河。希望新时代大学生不负青春韶华，一起向未来！

目录 CONTENTS

Chapter 1

第一章

深入学习领会党的二十大精神，奋力谱写中国式现代化广西篇章

2022 年 10 月 16 日，党的二十大胜利召开。这是在全党全国各族人民迈上全面建设社会主义现代化国家新征程、向第二个百年奋斗目标进军的关键时刻召开的一次十分重要的大会。党的二十大站在民族复兴和百年变局的制高点，科学谋划未来五年乃至更长时期党和国家事业发展的目标任务和大政方针，提出一系列新思路、新战略、新举措，进一步指明党和国家事业的前进方向，是我们党团结带领全国各族人民在新时代新征程坚持和发展中国特色社会主义的政治宣言和行动纲领。

一、党的二十大主题和重大意义

党的二十大是一次高举旗帜、凝聚力量、团结奋进的大会，对鼓舞和动员全党全国各族人民坚持和发展中国特色社会主义，全面建设社会主义现代化国家、全面推进中华民族伟大复兴具有重大意义。

（一）深刻领会党的二十大主题的科学内涵

习近平总书记在党的二十大报告的开篇部分开宗明义地指出，“大会的主题是：高举中国特色社会主义伟大旗帜，全面贯彻新时代中国特色社会主义思想，弘扬伟大建党精神，自信自强、守正创新，踔厉奋发、勇毅前行，为全面建设社会主义现代化国家、全面推进中华民族伟大复兴而团结奋斗”。

“高举中国特色社会主义伟大旗帜，全面贯彻新时代中国特色社会主义思想”，强调的是“旗帜”和“思想”问题。旗帜就是方向，思想就是行动指南。开宗明义亮明党的政治方向和指导思想，是要郑重宣示，在新时代新征程上全党必须坚持以马克思主义中国化时代化最新成果为指导，坚定中国特色社会主义道路自信、理论自信、制度自信、文化自信，坚持道不变、志不改，确保党和国家事业始终沿着正确方向胜利前进。

融水苗族自治县融水镇梦鸣苗寨干部群众收看党的二十大开幕盛况

“弘扬伟大建党精神”，强调的是党的基因和血脉问题，是要郑重宣示，全党必须恪守坚持真理、坚守理想，践行初心、担当使命，不怕牺牲、英勇斗争，对党忠诚、不负人民的伟大建党精神，坚定历史自信，传承优良传统，赓续红色血脉，保持党同人民群众的血肉联系，保持谦虚谨慎、艰苦奋斗的政治本色和敢于斗争、敢于胜利的意志品质，确保党始终成为中国特色社会主义事业的坚强领导核心。

“自信自强、守正创新，踔厉奋发、勇毅前行”，强调的是精神状态问题，是要郑重宣示，全党必须保持自信果敢、自强不息的精神风貌，保持定力、勇于变革的工作态度，永不懈怠、锐意进取的奋斗姿态，使各项工作更好体现时代性、把握规律性、富于创造性，确保党和国家事业始终充满旺盛生机和强劲活力。

“全面建设社会主义现代化国家、全面推进中华民族伟大复兴”，强调的是奋斗目标问题，是要郑重宣示，全党必须紧紧扭住新时代新征程党和国家的中心任务，集中一切力量，排除一切干扰，全面建成社会主义现代化强国、实现第二个百年奋斗目标，以中国式现代化全面推进中华民族伟大复兴。

“团结奋斗”。党的二十大首次在大会主题中强调团结奋斗，具有很强的针对性。党的百年奋斗历程反复证明，团结奋斗是中国人民创造历史伟业的必由之路。团结才能胜利，不团结就会一事无成；奋斗才能成功，我们的一切成就都是不懈奋斗的结果。在新的征程上，我们需要应对的风险和挑战、需要解决的矛盾和问题比以往更加错综复杂，必须坚决维护全党团结统一，不断巩固全国各族人民大团结，加强海内外中华儿女大团结，形成同心共圆中国梦的强大合力。

（二）深刻理解党的二十大的重大意义

党的二十大全面总结了过去五年的工作和新时代十年的伟大变革，深入分析了国内国际形势，系统阐述了开辟马克思主义中国化时代化新境界、新时代新征程中国共产党的使命任务等重大理论和实践问题，科学谋划了未来五年乃至更长时期党和国家事业发展的目标任务和大政方针，选举产生了新一届中央领导集体，审议通过了《中国共产党章程（修正案）》，取得了一系列重大政治成果、理论成果、实践成果，对于我们党在新时代新征程上团结带领全国各族人民全面建设社会主义现代化国家、全面推进中华民族伟大复兴，具有重大的现实意义和深远的历史意义。

大会召开的时间节点和时代背景非常重要而特殊。从社会主义现代化建设的历史进程来看，党的二十大是在全党全国各族人民迈上全面建设社会主义现代化国家新征程、向第二个百年奋斗目标进军的关键时刻召开的一次十分重要的大会。从党的历史来看，党的二十大是在我们党成功走过百年奋斗历程、踏上新的赶考之路的关键时刻召开的一次重要会议。对我们这样一个世界上最大的马克思主义政党来讲，从一个百年历程迈向新的百年历程，是一个非常重要的历史节点。在这个关键时刻召开的党的全国代表大会，必定在党的历史上留下浓墨重彩的一笔。从新时代历程来看，党的二十大是在新时代走过第一个十年、进入第二个十年的重要时刻召开的一次重要会议。中国特色社会主义进入新时代是一个具有里程碑意义的大事件。新时代十年来，党和国家事业取得历史性成就、发生历史性变革。对于在新时代进入第二个十年的关键时刻召开党的二十大，作出全面建成社会主义现代化强国的战略部署，全党全国人民充满期待、寄予厚望。从国际来看，党的二十大是在世界百年未有之大变局加速演进、国际局势加剧动荡的关键时刻召开的一次重要会议。我们党如何统筹中华民族伟大复兴战略全局和世界百年未有之大变局，如何应变局、育新机、开新局，不仅关系中国未来一个时期的改革发展，也将对世界和平与发展产生广泛而深远的影响。

党的二十大充分彰显“两个确立”的决定性意义。“两个确立”是党的十八大以来我们党取得的最重大的政治成果。新时代的伟大实践充分证明，确立习近平总书记党中央的核心、全党的核心地位，确立习近平新时代中国特色社会主义思想的指导地位，反映了全党全军全国各族人民共同心愿，对新时代党和国家事业发展、对推进中华民族伟大复兴历史进程具有决定性意义。党的二十大旗帜鲜明地坚持和维护“两个确立”，党的二十届一中全会选举习近平同志继续担任党的总书记，强调坚决维护习近平总书记党中央的核心、全党的核心地位，坚决维护党中央权威和集中统一领导，全面贯彻习近平新时代中国特色社会主义思想。这是确保党的核心和指导思想长期稳定，充分发挥马克思主义执政党的强大政治优势，推动中国特色社会主义事业行稳致远的根本之策。

党的二十大取得一系列具有长期指导意义的重大理论和实践创新成果。党的二十大报告在总结党的十八大以来我们党取得的重大理论和实践创新成果基础上，提出了许多新理念、新思想、新战略、新举措。比如，提出了“两个全面”这一新时代新征程党的奋斗目标；提出了“三个务必”这一新时代党的作风建设的根本遵循；深刻阐明了党的理论创新“两个结合”、“六个必须坚持”，深刻体现了习近平新时代中国特色社会主义思想的世界观方法论和贯穿其中的立场观点方法；系统阐述了中国式现代化的中国特色、本质要求和必须牢牢把握的重大原则；突出强调了科教兴国、全面依法治国、国家安全并分别进行部署；等等。这些对于新时代新征程党和国家事业发展都具有重大而长远的指导作用。

党的二十大科学回答“以党的自我革命引领社会革命”这一重大历史命题。习近平总书记在党的十九届六中全会上系统阐述了党的自我革命的深刻内涵和重大意义，强调这是我们党给出的跳出治乱兴衰历史周期率的第二个答案。党的二十大报告围绕“以党的自我革命引领社会革命”，提出“时刻保持解决大党独有难题的清醒和坚定”、“两个长期存在”、“两个永远在路上”、深入推进新时代党的建设新的伟大工程、健全全面从严治党体系等重要思想；提出坚持和加强党中央集中统一领导、坚持不懈用习近平新时代中国特色社会主义思想凝心铸魂、完善党的自我革命制度规范体系、建设堪当民族复兴重任的高素质干部队伍、增强党组织政治功能和组织功能、坚持以严的基调强化正风肃纪、坚决打赢反腐败斗争攻坚战持久战等重大举措。这充分展示了我们党时刻保持解决大党独有难题的清醒和坚定，展示了我们党勇于自我革命、坚定不移全面从严治党的坚定立场和坚强决心，对于我们党始终赢得人民拥护、巩固长期执政地位，以党的永不变质确保红色江山永不变色，具有重大而深远的意义。

知识链接

党的二十大报告几个关键词

两个全面：全面建设社会主义现代化国家、全面推进中华民族伟大复兴。

三个务必：务必不忘初心、牢记使命，务必谦虚谨慎、艰苦奋斗，务必敢于斗争、善于斗争。

两个结合：把马克思主义基本原理同中国具体实际相结合、同中华优秀传统文化相结合。

六个必须坚持：必须坚持人民至上、必须坚持自信自立、必须坚持守正创新、必须坚持问题导向、必须坚持系统观念、必须坚持胸怀天下。

两个长期存在：党面临的执政考验、改革开放考验、市场经济考验、外部环境考验将长期存在，精神懈怠危险、能力不足危险、脱离群众危险、消极腐败危险将长期存在。

两个永远在路上：全面从严治党永远在路上，党的自我革命永远在路上。

二、深刻领会党的二十大精神

习近平总书记在参加党的二十大广西代表团讨论时强调，学习贯彻党的二十大精神，要牢牢把握过去五年工作和新时代十年伟大变革的重大意义，牢牢把握新时代中国特色社会主义思想的世界观和方法论，牢牢把握以中国式现代化推进中华民族伟大复兴的使命任务，牢牢把握以伟大自我革命引领伟大社会革命的重要要求，牢牢把握团结奋斗的时代要求。这为我们学习好领会好贯彻好党的二十大精神提供了根本遵循。

（一）牢牢把握过去五年工作和新时代十年伟大变革的重大意义

牢牢把握过去五年工作和新时代十年伟大变革的重大意义，才能深刻理解新时代中国特色社会主义所处的历史方位，明确我们党在新征程上举什么旗、走什么路、以什么样的精神状态、朝着什么样的目标继续前进的重大问题，进一步增强全党全国各族人民的自信心、自豪感，坚定不移推进中华民族伟大复兴历史进程。

牢牢把握过去五年的重大成就。党的十九大以来的五年是极不寻常、极不平凡的五年。五年来，以习近平同志为核心的党中央全力推进全面建成小康社会进程，着力推动高质量发展，主动构建新发展格局，蹄疾步稳推进改革，扎实推进全过程人民民主，全面推进依法治国，积极发展社会主义先进文化，突出保障和改善民生，集中力量实施脱贫攻坚战，大力推进生态文明建设，坚决维护国家安全，防范化解重大风险，保持社会大局稳定，大力度推进国防和军队现代化建设，全方位开展中国特色大国外交，全面推进党的建设新的伟大工程。隆重庆祝中国共产党成立一百周年、中华人民共和国成立七十周年，制定第三个历史决议，在全党开展党史学习教育。面对突如其来的新冠肺炎疫情，坚持人民至上、生命至上，开展抗击疫情人民战争、总体战、阻击战，最大限度保护了人民生命安全和身体健康，统筹疫情防控和经济社会发展取得重大积极成果。面对香港局势动荡变化，依照宪法和基本法有效实施对特别行政区的全面管治权，制定实施香港特别行政区维护国家安全法，落实“爱国者治港”原则，实现香港局势由乱到治的重大转折。面对“台独”势力分裂活动和外部势力干涉台湾事务的严重挑衅，坚决开展反分裂、反干涉重大斗争，展示维护国家主权和领土完整、反对“台独”的坚强决心和强大能力。面对国际局势急剧变化，特别是面对外部讹诈、遏制、封锁、极限施压，我们党保持战略定力，发扬斗争精神，展示不畏强权的坚定意

知识链接

新时代十年来的三件大事

十年来，我们经历了对党和人民事业具有重大现实意义和深远历史意义的三件大事：

——迎来中国共产党成立一百周年。

——中国特色社会主义进入新时代。

——完成脱贫攻坚、全面建成小康社会的历史任务，实现第一个百年奋斗目标。

这是中国共产党和中国人民团结奋斗赢得的历史性胜利，是彪炳中华民族发展史册的历史性胜利，也是对世界具有深远影响的历史性胜利。

志，在斗争中维护国家尊严和核心利益，牢牢掌握了我国发展和安全主动权。五年来，我们党团结带领人民，攻克了许多长期没有解决的难题，办成了许多事关长远的大事要事，推动党和国家事业取得举世瞩目的重大成就。

牢牢把握新时代十年的伟大变革。从党的十八大开始，中国特色社会主义进入新时代。十年来，面对影响党长期执政、国家长治久安、人民幸福安康的突出矛盾和问题，以习近平同志为核心的党中央团结带领全党全军全国各族人民义无反顾进行具有许多新的历史特点的伟大斗争，推动我国迈上全面建设社会主义现代化国家新征程。从创立习近平新时代中国特色社会主义思想，实现马克思主义中国化时代化新的飞跃，到全面加强党的领导，深入推进全面从严治党；从打赢人类历史上规模最大的脱贫攻坚战，实现全面建成小康社会这个中华民族的千年梦想，到我国经济实力实现历史性跃升，许多领域实现历史性变革、系统性重塑、整体性重构；从全面发展全过程人民民主，全面依法治国总体格局基本形成，到意识形态领域形势发生全局性、根本性转变；从建成世界上规模最大的教育体系、社会保障体系、医疗卫生体系，到生态环境保护发生历史性、转折性、全局性变化；从全面准确推进“一国两制”实践，到全面推进中国特色大国外交，推动构建人类命运共同体……党的十八大以来党和国家事业取得的历史性成就、发生的历史性变革，在党史、新中国史、改革开放史、社会主义发展史、中华民族发展史上具有里程碑意义。

（二）牢牢把握习近平新时代中国特色社会主义思想的世界观和方法论

不断谱写马克思主义中国化时代化新篇章，是当代中国共产党人的庄严历史责任。继续推进实践基础上的理论创新，首先要把握好习近平新时代中国特色社会主义思想的世界观和方法论，坚持好、运用好贯穿其中的立场观点方法。党的二十大报告强调必须坚持人民至上、必须坚持自信自立、必须坚持守正创新、必须坚持问题导向、必须坚持系统观念、必须坚持胸怀天下。“六个必须坚持”深刻揭示了习近平新时代中国特色社会主义思想的理论品格和鲜明特质，既是深刻理解这一科学思想必须牢牢把握的基本点，也是继续推进理论创新必须始终坚持的基本点，为开辟马克思主义中国化时代化新境界提供科学指引。

必须坚持人民至上。人民性是马克思主义的本质属性。我们党的理论之所以得到亿万人民拥护，就在于始终秉持人民立场，是来自人民、为了人民、造福人民的理论。坚持人民至上，是贯穿习近平新时代中国特色社会主义思想的一条红线。继续推进实践基础上的理论创新，必须始终坚持人民至上这一根本价值取向，站稳人民立场、把握人民愿望、尊重人民创造、集中人民智慧，形成为人民所喜爱、所认同、所拥有的理论，使之成为指导人民认识世界和改造世界的强大思想武器。

必须坚持自信自立。自信是我们党在长期斗争中练就的精神气质，自立是我们立党立国的重要原则。贯穿党的百年奋斗的一个基本点就是中国的问题必须从中国基本国情出发，由中国人自己来解答。习近平新时代中国特色社会主义思想生动体现着独立自主的探索和实践精神，贯穿着坚持走自己的路的坚定决心和信心。要坚持对马克思主义的坚定信仰、对中国特色社会主义的坚定信念，坚定道路自信、理论自信、制度自信、文化自信，以更加积极的历史担当和创造精神为发展马克思主义作出新的贡献，既不能刻舟求剑、封闭僵化，也不能照抄照搬、食洋不化。

必须坚持守正创新。我们从事的是前无古人的伟大事业，守正才能不迷失方向、不犯颠覆性错误，创新才能把握时代、引领时代。守正与创新相辅相成，体现了“变”与“不变”、继承与发展、原则性与创造性的辩证统一，是贯彻党的思想路线的内在要求。要以科学的态度对待科学、以真理的精神追求真理，坚持马克思主义基本原理不动摇，坚持党的全面领导不动摇，坚持中国特色社会主义不动摇，紧跟时代步伐，顺应实践发展，以满腔热忱对待一切新生事物，不断拓展认识的广度和深度，敢于说前人没有说过的新话，敢于干前人没有干过的事情，以党的创新理论指导新的实践。

必须坚持问题导向。问题是时代的声音，回答并指导解决问题是理论的根本任务。习近平总书记指出，每个时代总有属于它自己的问题，只要科学地认识、准确地把握、正确地解决这些问题，就能够把我们的社会不断推向前进。必须增强问题意识，时刻保持清醒头脑和敏锐眼光，聚焦实践遇到的新问题、改革发展稳定存在的深层次问题、人民群众急难愁盼问题、国际变局中的重大问题、党的建设面临的突出问题，不断提出真正解决问题的新理念新思路新办法，不断开创事业发展的新局面。

四位广西代表为党的二十大胜利闭幕点赞

必须坚持系统观念。系统观念是辩证唯物主义的重要认识论和方法论，是具有基础性的思想和工作方法。我国是一个发展中大国，仍处于社会主义初级阶段，正在经历广泛而深刻的社会变革，推进改革发展、调整利益关系往往牵一发而动全身。要善于通过历史看现实、透过现象看本质，把握好全局和局部、当前和长远、宏观和微观、主要矛盾和次要矛盾、特殊和一般的关系，不断提高战略思维、历史思维、辩证思维、系统思维、创新思维、法治思维、底线思维能力，为前瞻性思考、全局性谋划、整体性推进党和国家各项事业提供科学思想方法。

必须坚持胸怀天下。中国共产党是为中国人民谋幸福、为中华民族谋复兴的党，也是为人类谋进步、为世界谋大同的党。在百年奋斗历程中，我们党始终以世界眼光关注人类前途命运，始终站在历史正确的一边，站在人类进步的一边。面对世界百年未有之大变局，我们要拓展世界眼光，深刻洞察人类发展进步潮流，积极回应各国人民普遍关切，为解决人类面临的共同问题作出贡献，以海纳百川的宽阔胸襟借鉴吸收人类一切优秀文明成果，推动建设更加美好的世界。

（三）牢牢把握以中国式现代化推进中华民族伟大复兴的使命任务

党的二十大报告深刻阐述了中国式现代化的科学内涵、中国特色和本质要求，强调坚持以中国式现代化全面推进中华民族伟大复兴。

党领导人民成功走出中国式现代化道路，创造了人类文明新形态。中国式现

知识链接

中国式现代化的五个重要特征

★ 中国式现代化是人口规模巨大的现代化。
★ 中国式现代化是全体人民共同富裕的现代化。
★ 中国式现代化是物质文明和精神文明相协调的现代化。
★ 中国式现代化是人与自然和谐共生的现代化。
★ 中国式现代化是走和平发展道路的现代化。

代化道路是一代代中国共产党人不断探索出来的。中国式现代化，是中国共产党领导的社会主义现代化，既有各国现代化的共同特征，更有基于自己国情的中国特色。中国式现代化是人口规模巨大的现代化，是全体人民共同富裕的现代化，是物质文明和精神文明相协调的现代化，是人与自然和谐共生的现代化，是走和平发展道路的现代化。中国式现代化既切合中国实际，体现了社会主义建设规律，也体现了人类社会发展规律。中国式现代化破解了人类社会发展的诸多难题，摒弃了西方以资本为中心的现代化、两极分化的现代化、物质主义膨胀的现代化、对外扩张掠夺的现代化老路，拓展了发展中国家走向现代化的途径，为人类对更好社会制度的探索提供了中国智慧和中国方案。

中国式现代化具有自己的本质要求。这个本质要求就是“坚持中国共产党领导，坚持中国特色社会主义，实现高质量发展，发展全过程人民民主，丰富人民精神世界，实现全体人民共同富裕，促进人与自然和谐共生，推动构建人类命运共同体，创造人类文明新形态”。中国式现代化的本质要求，是对我国社会主义现代化建设长期探索和实践的科学总结，是党的现代化理论系统集成的重大创新，是对世界现代化理论的重大丰富和发展。从本质特征看，中国式现代化是中国共产党领导的社会主义现代化。中国共产党是中国式现代化的领导力量，也是中国式现代化沿着中国特色社会主义道路继往开来、持之以恒、一以贯之、赓续推进的可靠支撑，更是新时代中国式现代化创新发展、实现第二个百年奋斗目标的坚强保证。坚持中国共产党领导，是中国式现代化最鲜明的特征和最突出的优势，是推进中国式现代化必须坚持的最高原则。从科学内涵看，推进中国式现代化的奋斗目标是把我国建成富强民主文明和谐美丽的社会主义现代化强国，必须全面提升我国的物质文明、政治文明、精神文明、社会文明、生态文明水平。全面提升物质文明水平，必须坚持以实现高质量发展为方向，加快形成高质量发展模式和现代化经济体系，不断厚植现代化的物质基础和人民幸福生活的物质条件，全面提高我国经济实力、科技实力和综合国力。全面提升政治文明水平，必须坚持以发展全过程人民民主为方向，健全人民当家做主制度体系，坚持走中国特色社会主义法治道路，全面实现国家治理体系和治理能力现代化。全面提升精神文明水平，必须坚持以丰富人民精神世界为方向，坚持中国特色社会主义文化发展道路，激发全民族文化创新创造活力，增强实现中华民族伟大复兴的精神力量。全面提升社会文明水平，必须坚持以实现全体人民共同富裕为方向，坚持把实现人民对美好生活的向往作为现代化建设的出发点和落脚点，着力维护和促进社会公平正义，保证社会既充满活力又和谐有序。全面提升生态文明水平，必须坚持以促进人与自然和谐共生为方向，牢固树立和践行绿水青山就是金山银山的理念，坚定不移走生产发展、生活富裕、生态良好的文明发展道路，实现中华民族永续发展。从国际影响看，以和平方式实现国家发展和民族复兴，是中国式现代化的显著特征。中国式现代化开创了通过合作共赢实现共同发展、和平发展的现代化发展模式，致力推动构建人类命运共同体，在坚定维护世界和平与发展中谋求自身发展，又以自身发展更好维护世界和平与发展。

中国式现代化是实现中华民族伟大复兴的光明大道。新中国成立特别是改革开放以来，我们党团结带领全国人民通过走中国式现代化道路，仅用几十年时间就走完西方发达国家几百年走过的工业化历程，创造世所罕见的经济快速发展和社会长期稳定“两大奇迹”。如今，我国已迈上全面建设社会主义现代化国家新征程。世界百年未有之大变局加速演进，我国发展面临新的战略机遇、战略任务、战略阶段、战略要求、战略环境，需要应对的风险和挑战、需要解决的矛盾和问题比以往更加错综复杂。越是这样我们越要坚定中国特色社会主义道路自信、理论自信、制度自信、文化自信，坚定不移沿着中国式现代化这条光明大道走下去。历史和现实雄辩地证明，中国式现代化道路不仅走得对、走得通，而且一定能走得好、走得远，是一条发展中国自身、实现中华民族伟大复兴的光明大道。

（四）牢牢把握以伟大自我革命引领伟大社会革命的重要要求

党的二十大报告强调，全面从严治党永远在路上，党的自我革命永远在路上，决不能有松劲歇脚、疲劳厌战的情绪，必须持之以恒推进全面从严治党，深入推进新时代党的建设新的伟大工程，以党的自我革命引领社会革命。

坚持以自我革命引领社会革命是马克思主义政党建设和发展的内在需要。马要站在事关党长期执政、国家长治久安、人民幸福安康的高度，把全面从严治党作为党的长期战略、永恒课题，始终坚持问题导向，保持战略定力，发扬彻底的自我革命精神，永远吹冲锋号，把严的基调、严的措施、严的氛围长期坚持下去，把党的伟大自我革命进行到底。

——习近平总书记2023年1月9日在二十届中央纪委二次全会上的重要讲话

克思主义认为无产阶级的运动是绝大多数人的，为绝大多数人谋利益的独立的运动；强调在无产阶级和资产阶级的斗争所经历的各个发展阶段上，共产党人始终代表整个运动的利益，要为绝大多数人谋利益，为建设共产主义社会而奋斗。马克思主义政党的这一远大理想和崇高使命，既是其团结人民砸碎旧世界、开辟新世界的鲜明旗帜，又决定其在建党思想上主张要战胜敌人必须先强大自己。革命性是马克思主义政党的鲜明特征，勇于自我革命是马克思主义政党永葆先进性纯洁性的必然要求。换言之，马克思主义政党之所以能够勇于自我革命、坚持以自我革命推动社会革命，既由其先进性所决定，又由其不断发展壮大、永葆生机活力的内在需要所决定。中国共产党是用马克思主义武装起来的政党，马克思主义是中国共产党理想信念的灵魂。中国共产党之所以具备自我革命的勇气，就源于始终把马克思主义作为立党立国的根本指导思想，源于始终坚持共产主义远大理想。

坚持以自我革命引领社会革命是百年党史结晶而成的宝贵经验。百年来，中国共产党在推动社会革命的同时，总是能够刀刃向内、坚定不移推进党的自我革命，勇于以党的自我革命来引领、推动党领导人民进行的伟大社会革命。实践证明，党只要能够做到坚持真理、修正错误，就能够不断清除一切损害党的健康肌体的病原体，就能够确保党不变质、不变色、不变味，就能够确保党领导人民进行的伟大社会革命永远立于不败之地。习近平总书记指出，在进行社会革命的同时不断进行自我革命，是我们党区别于其他政党最显著的标志，也是我们党不断从胜利走向新的胜利的关键所在。

坚持以自我革命引领社会革命是新时代伟大实践的鲜明标志。党的十八大以来，以习近平同志为核心的党中央，经过不懈努力，找到了自我革命这一跳出治乱兴衰历史周期率的第二个答案，形成了一整套自我净化、自我完善、自我革新、自我提高的制度规范体系，管党治党宽松软状况得到根本扭转，风清气正的党内政治生态不断形成和发展。自我革命这一成功道路的探索，不仅破解了中国历史

“其兴也勃焉”“其亡也忽焉”的王朝宿命，还创造性地回答了马克思主义政党长期执政条件下如何始终不变质、不变色、不变味，如何永葆先进性纯洁性等重大问题，从而丰富和发展了马克思主义建党学说。

坚持以自我革命引领社会革命是不断谱写新时代中国特色社会主义新篇章的必然要求。新时代中国特色社会主义是我们党领导人民进行伟大社会革命的成果，也是进行伟大社会革命的继续。新时代党领导人民进行的伟大社会革命，由于涵盖领域的广泛性、触及利益格局调整的深刻性、涉及矛盾和问题的尖锐性、突破体制机制障碍的艰巨性、进行伟大斗争形势的复杂性，任务艰巨异常。面对这种情况，要引领和保障中国特色社会主义事业行稳致远，我们党就必须发扬自我革命精神，把党的伟大自我革命进行到底。这是推进新时代党的建设新的伟大工程的必然要求，更是党领导人民进行伟大社会革命的必然要求。

（五）牢牢把握团结奋斗的时代要求

习近平总书记强调，团结才能胜利，奋斗才会成功。党的二十大报告立足新时代新征程的历史方位，号召全党全军全国各族人民为全面推进中华民族伟大复兴而团结奋斗。

中华民族是具有伟大团结奋斗精神的民族。中国是人口众多的国家，团结奋斗的价值理念深深融入并深刻影响着中国人的精神世界和日常行为。“人多力量大”“人心齐，泰山移”“众人拾柴火焰高”“天时不如地利，地利不如人和”等耳熟能详的格言，启迪人们精诚团结、勠力同心；“自强不息”“发愤图强”“励精图治”“锲而不舍”等脍炙人口的成语，激励人们顽强拼搏、不懈奋斗。在几千年历史长河中，中国人民依靠团结奋斗建立了统一的多民族国家，开发了辽阔壮美的大好河山，战胜了数不清的自然灾害。近代以后，面对国家蒙辱、人民蒙难、文明蒙尘的劫难，中国人民依靠团结奋斗同内忧外患作坚决斗争，捍卫了民族独立和尊严，书写了革新图强、共御外侮的壮丽史诗。

中国共产党继承和发扬中华民族团结奋斗的优良传统。中国共产党始终把团结奋斗鲜明写在自己的历史答卷上，不断结合形势任务发展变化提出团结奋斗的新要求，开创团结奋斗的新局面。土地革命战争时期，我们党号召“唤起工农千百万，同心干”；抗日战争时期，我们党倡导建立抗日民族统一战线，为打倒日本侵略者而浴血奋战；新中国成立后，我们党强调正确处理人民内部矛盾，号召团结全国人民，争取一切国际朋友的支援，为建设一个伟大的社会主义国家而奋斗，为保卫国际和平和发展人类进步事业而奋斗；党的十一届三中全会，我们党强调解放思想，实事求是，团结一致向前看，号召为把我国建成现代化的社会主义强国而奋勇前进。党的十八大以来，习近平总书记反复强调“团结奋斗是中国人民创造历史伟业的必由之路”。党领导人民铸就的团结奋斗精神，印刻在“红军不怕远征难，万水千山只等闲”的红军战士身上，展现在“干惊天动地事，做隐姓埋名人”的“两弹一星”研制者身上，书写在“杀出一条血路来”的改革开拓者身上，定格在1800多名为打赢脱贫攻坚战献出宝贵生命的党员、干部身上，激扬在面对新冠肺炎疫情坚守岗位、一往无前的最美逆行者身上……党的百年历史，就是一部党领导人民团结奋斗、赢得伟大胜利的历史。

全面推进中华民族伟大复兴必须持续团结奋斗。实现中华民族伟大复兴是我们党矢志不渝的追求，是一场共产党人的接力跑。在这场接力跑中，几代共产党人团结带领人民砥砺奋进，向历史交出了优异答卷。如今，我们党团结带领人民踏上新的赶考之路，民族复兴的光明前景愈来愈清晰。但“行百里者半九十”，越是接近目标，就越是处于吃劲阶段，越需要慎终如始，付出更多艰辛和努力。任何骄傲自满的情绪、麻痹厌战的想法、松劲懈怠的行为，都有可能影响我们的事业继续前进，甚至导致功败垂成、前功尽弃。只有咬定青山不放松，在党的领导下把14亿多中国人民的积极性、主动性、创造性充分激发出来、凝聚起来，始终保持团结的状态、奋进的姿态，民族复兴的宏伟蓝图才能一步步变成美好现实。

三、坚定不移紧跟伟大复兴领航人踔厉笃行

八桂大地这片热土，习近平总书记一直念兹在兹、寄予厚望，为广西改革发展倾注了大量心血，指引着广西在新时代攻坚克难、砥砺奋进，为我们在新征程中凝心聚力建设新时代壮美广西进一步指明了前进方向、提供了根本遵循、注入了强大动力。

（一）牢记领袖对广西的殷殷嘱托

党的十八大以来，习近平总书记两次亲临广西视察、发表重要讲话，多次对广西工作作出重要指示批示，让全区干部群众备感关怀、备受鼓舞。

2015年，习近平总书记赋予广西“三大定位”使命，从战略层面指明方向。

2017年是党的十九大召开之年，习近平总书记深入广西北海、南宁调研，实地了解基层干部群众对党的十九大的建议和期待，对广西提出“五个扎实”工作要求。

2018年广西壮族自治区成立60周年之际，习近平总书记题词“建设壮美广西共圆复兴梦想”，将建设壮美广西置于中华民族伟大复兴战略全局来考量。

2020年，习近平总书记在第十七届中国—东盟博览会和中国—东盟商务与投资峰会开幕式上发表视频致辞；2021年，习近平总书记又向第十八届中国—东盟博览会和中国—东盟商务与投资峰会致贺信。习近平总书记向世界宣示中国扩大对外开放的坚定决心，擘画中国—东盟关系发展蓝图，进一步凸显广西在“一带一路”建设中的独特作用。

2021年4月“十四五”开局之际，习近平总书记再次亲临广西视察，要求我们“建设新时代中国特色社会主义壮美广西”，为壮美广西建设赋予新的时代内涵，为新时代广西发展明确了总目标。

2022年10月17日，习近平总书记参加党的二十大广西代表团讨论并发表重要讲话，对广西工作给予充分肯定，对广西发展寄予殷切期望，要求广西在推动边疆民族地区高质量发展上展现更大作为，在服务和融入新发展格局上取得更大突破，在推动绿色发展上实现更大进展，在维护国家安全上作出更大贡献，在推进全面从严治党上取得更大成效，奋力开创新时代壮美广西建设新局面。

（二）接续奋斗勇担历史使命

新时代新征程，新使命新任务，新奋斗新未来。凝心聚力建设新时代壮美广西，既是崇高使命，也是长期任务。

感悟思想伟力，激发奋进之志。我们必须以党的二十大精神为指引，深刻领悟“两个确立”的决定性意义，坚决做到“两个维护”，全面贯彻落实习近平总书记对广西“五个更大”重要要求、视察广西“4·27”重要讲话和对广西工作系列重要指示精神，永葆忠诚之心，满怀感恩之情，努力建设更为繁荣富裕、更为团结和谐、更为开放包容、更为文明法治、更为宜居康寿的广西，奋力谱写中国式现代化广西篇章。

勇于求变、敢于求新、善于求质。我们要坚定不移走高质量发展之路，完整准确全面贯彻新发展理念，坚持政策为大、项目为王、环境为本、创新为要，加快建设现代化经济体系，让高质量发展成为新时代壮美广西建设的最佳路径。要大力推进改革创新，深入实施创新驱动发展战略，用改革创新破局开路，激发活力、增强动力。

敢于斗争、善于斗争，勇于胜利。我们要发扬彻底的自我革命精神，敢于向困难斗争，向问题斗争，向懒政怠政斗争，向避事畏难逃责斗争，向有悖于新时代要求的行动斗争，向一切违规违纪违法的人和事斗争，坚决战胜前进道路上的一切艰难险阻。要大力弘扬担当实干作风，大兴狠抓落实之风，带头抓落实、善于抓落实、层层抓落实，撸起袖子加油干，一件接着一件办，一年接着一年干，努力把习近平总书记为广西擘画的美好蓝图一项项、一步步变为美好现实。

> 党的十八大以来，广西壮族自治区党委和政府贯彻落实党中央决策部署，团结带领全区各族人民统筹推进“五位一体”总体布局、协调推进“四个全面”战略布局，在百年变局与世纪疫情交织叠加的严峻考验下，全面打赢脱贫攻坚战，同全国同步全面建成小康社会，综合实力迈上新台阶，改革开放全面深化，生态环境持续改善，人民生活明显提升，城乡面貌日新月异，从严治党向纵深推进，民族团结、社会稳定、边疆安宁，八桂大地发生了翻天覆地的历史巨变。这些成绩，体现了党的民族政策和民族区域自治制度在祖国南疆的成功实践，是我国新时代10年伟大变革的生动缩影。
>
> ——习近平总书记2022年10月17日在参加党的二十大广西代表团讨论时的重要讲话

青春向党，强国有我。走在新的赶考之路上，我们无惧风雨、劈波斩浪、团结奋进，以更昂扬的姿态和更扎实的行动，踔厉笃行迈向现代化新征程，意气风发向着第二个百年奋斗目标阔步迈进。

思考题

1. 如何深刻领会党的二十大主题和重大意义？

2. 如何理解“以中国式现代化全面推进中华民族伟大复兴”？

3. 请结合个人实际，谈谈当代大学生按照“五个更大”重要要求，如何为谱写中国式现代化广西篇章作出自己的贡献。

Chapter 2

第二章

在推动边疆民族地区高质量发展上展现更大作为

党的二十大报告指出，高质量发展是全面建设社会主义现代化国家的首要任务。习近平总书记在参加党的二十大广西代表团讨论时强调，广西要在推动边疆民族地区高质量发展上展现更大作为。新发展阶段，建设新时代壮美广西就必须完整、准确、全面贯彻新发展理念，立足实际、突出特色，坚定不移沿着高质量发展这条“最优曲线”“最佳路径”迈进，走出一条符合自身实际的高质量发展之路，奋力谱写中国式现代化广西篇章。

一、深入实施工业强桂战略和工业振兴行动

推动高质量发展，实体经济是基础，产业发展是关键。近年来，广西深入实施工业强桂战略和工业振兴三年行动，持续开展补链强链延链专项行动，做优传统产业，做大新兴产业，做强特色产业，构建起具有边疆民族地区特色的现代产业体系，加快建设西部制造强区。

（一）实施工业强桂战略，夯实高质量发展基础

高质量发展跑出加速度。2022年广西新技术、新业态、新模式不断涌现，推动工业高质量发展跑出加速度。传统产业加快全产业链优化升级，金属新材料、石化化工等产业链向下游精深加工有效延伸，汽车、工程机械、电子信息有效提升本地关键零部件配套，铝合金板带材气垫炉、商用车燃氢发动机产品填补国内空白。战略性新兴产业对工业增长的贡献率超过30%，占工业增加值比重从2020年的15.4%提升至18%，广西已基本建成“新材料—动力电池—整车”新能源汽车产业链。特色产业蓬勃发展，木材加工产业有效补齐高端板材、定制家居的短板，南宁蛋黄酥、柳州螺蛳粉等成为全国畅销的网红产品，柳州智能家电、玉林纺织轻工等基地初具规模。

2022年广西狠抓重点工业项目开竣工，重大项目建设逐步进入收获期，成为有效应对各种超预期因素冲击的“压舱石”。

玉柴发布中国排量最大马力、最大的燃氢发动机

首台国产自主研发气垫式连续热处理生产线在广西南南铝加工有限公司点火启动

打好工业振兴战略主动战。2023年是广西工业振兴三年行动的收官之年，广西将围绕制造业转型升级，坚持“培新、育强、扶创、保畅”，扎实做好“原字号”“老字号”“新字号”“外字号”四篇大文章，加力打好工业振兴战略主动战，全力以赴推动工业经济稳增长。以重大工程为关键抓手，促进工业投资提质扩量，突出抓好上汽通用五菱“一二五”工程等一批标志性工程，开展制造业项目建设年行动，持续抓好“双百双新”“千企技改”项目建设。完善梯度培育工作体系，深入推进强龙头壮产业行动，实施中小企业梯度培育“三个一”工程，加大民营企业特别是中小微企业普惠政策支持，形成中小微企业铺天盖地的生动局面。补短板强功能增效益，提升做实园区“115”工程，实施重点园区基础设施“补短板”工程，推进“十有”园区建设。以产业全景图为引领，深入推进补链强链延链，推动传统产业提层次强实力、新兴产业快成长上规模，力争每个产业

知识链接

七度登顶全球新能源单一车型销量冠军

自2014年起，上汽通用五菱响应国家号召，开始研发新能源汽车。消费者到底需要什么样的代步工具？上汽通用五菱求问市场。从调研用户需求入手，到投入新能源体验车、完成产品深度体验，他们挖掘出用户刚需，直击新能源汽车使用场景的诸多痛点，创新性地打造全球小型纯电动汽车平台GSEV。2017年GSEV系列首款车型宝骏E100正式上市。随后，宝骏E200、宏光MINIEV、宝骏KiWi EV等车型陆续推出，产品矩阵不断丰富。2022年GSEV系列车型整体销量已突破100万辆。GSEV系列代表车型宏光MINIEV车系连续28个月蝉联国内新能源汽车销冠，七度登顶全球新能源单一车型销量冠军。

技术人员在总装车间作业

技术人员对新能源汽车进行出厂前检查

抓出3—5个投资量大、带动能力强的标志性项目，推动特色产业做实壮大，建设具有竞争力的产业集群；坚持创新驱动发展，推动工业互联网赋能制造业数字化升级“十百千万”工程，实施100项以上关键核心技术攻关，加快建设一批制造业创新平台，深入实施碳达峰十大行动，建设绿色工厂20家、绿色园区3个；扩大开放合作，支持各市建设一批特色园区，精准承接国内制造业有序转移，持续推进“4N”跨区域跨境产业链供应链建设。加强要素保障，深入开展降本增效行动，降低物流、用电等成本，力争“桂惠贷”投向工业企业1000亿元以上。

（二）开展招商攻坚活动，推动产业集链成群

攻坚重点产业链招商。2023年广西招商引资以推进实施“重点产业链招商攻坚突破年”为主题主线，充分发挥区位、平台、政策、资源等优势，重点围绕产业园区、制造强桂、强优企业、区域协作、重点平台、外资提质、链主引领、项目落地八大主题，聚焦机械装备制造、电子信息、生物医药、汽车、数字经济等15条重点产业链方面，以产业招商提质增效为核心，以引进制造业为重点，大力实施精准招商，推进跨区域产业合作，强化重点签约项目落地，实现招商引资质的有效提升和量的合理增长。

依靠龙头补短板聚集群。2023年广西以“工业树、产业林”布局全景图为引领，实施产业链精准招商，围绕现有产业基础和资源禀赋，紧盯产业链“卡脖子”“补短板”关键环节，优化产业链产能分工合作，促进产业链上下游企业加强合作，解决产业链联动发展难题，拓展产业发展空间，形成良好的产业发展生态，提高产业链国际国内竞争力。力争各重点产业链“十四五”期间每年新引进世界500强企业、中国500强企业、中国民营500强企业、中国制造业500强企业投资项目5个以上，新引进行业领军企业、“独角兽”企业、“瞪羚”企业和

> **知识链接**
>
> **“制造强桂”招商行动**
>
> 为推动广西制造业高端化、智能化、绿色化发展，2023年广西深入实施“制造强桂”招商行动，提升制造业细分赛道竞争力和影响力，提高广西产业链供应链现代化水平。
>
> “制造强桂”招商重点聚焦汽车、机械装备、绿色化工、高端金属新材料、电子信息、生物医药、高端绿色家居、绿色食品、纺织服装等优势和特色产业，围绕产业细分领域和产业链关键环节，开展制造业精准招商。要求各市明确重点产业发展方向，找准产业链发展的重点环节和关键环节，突出“四类500强”、专精特新等企业招引，推进产业结构优化升级。

专精特新“小巨人”企业5家以上，通过引进培育一批链主企业、骨干企业，推动重点产业链延伸，促进产业链协同发展，推进特色产业集聚，打造一批引领广西发展的重量级产业集群。

（三）实施数字经济发展战略，抢占高质量发展机遇

多项举措推进产业数字化转型升级。广西加快推动制造业数字化转型，大力发展工业互联网，打造工业领域5G应用场景；推动农业数字化转型，加快数字乡村建设；推动服务业数字化转型，加快新型智慧城市建设，发展数字商贸，夯实融合服务支撑。加快推进数字化转型促进中心建设，建立一批行业数字化发展指引，为企业提供数字化技术的信息服务和支持，如数字化转型资源库、技术咨询、合作交流等。建立数字化技术应用的评估、认证机制。对数字化技术应用效果进行评估和反馈，引导企业不断改进和优化数字化技术应用，提高数字化技术应用的标准化和规范化水平。

广西大力实施数字乡村建设，实现全区所有行政村广电光缆“村村通”，智慧广电深入服务乡村

大力推动数字基础设施建设。广西推动云边端一体化发展，为数据资源提供存储、计算等支撑。统筹自治区、各地市建设云计算、边缘计算、人工智能、区块链等多元算力基础设施，持续优化完善“1 + N + 14”架构的“壮美广西·政务云”体系，提升超算中心、智算中心、边缘数据中心等规模和数量，为“城市大脑”提供算力支撑。持续优化现有政务网络体系，稳步推进5G网络部署，提升以千兆光网和5G为代表的“双千兆”网络“进村入户”比重，加快IPv6的规模部署和应用，不断扩容省级、国际互联网出口带宽，提升广西与东盟的网络互联互通水平。协同推进5G和千兆光网建设，加快物联网在工业制造、农业生产、

柳钢集团防城港钢铁基地智能制造中心监控系统可全程指挥、监控炼钢过程

公共服务、应急管理等领域覆盖。

提升数字创新驱动力。广西推动数据要素大开发，强化场景应用创新，促进公共数据供给，以应用场景开放为引擎加快释放数据要素价值。面向数字经济领域，推动建设数字科创平台，加快部署一批重点实验室、新型研发机构、技术创新中心、创新平台。优化数字经济创新生态，推进开源社区、开源项目建设，共享开源技术、软件代码、开发工具，构建开放、融合、共生的创新生态。鼓励企业和各类科研机构加强数字技术研究合作。出台相关政策，鼓励企业与区内外高校、研究院所等科研机构合作开展研究，促进科研成果的转化和应用。

二、全面推进乡村振兴战略与宜居宜业和美乡村建设

习近平总书记在党的二十大报告中指出，全面建设社会主义现代化国家，最艰巨最繁重的任务仍然在农村。广西曾是全国脱贫攻坚主战场之一，如今部分脱贫地区发展基础仍然薄弱。推动边疆民族地区高质量发展，要在巩固拓展脱贫攻坚成果的基础上实施好乡村振兴战略，在高质量发展中引领全区各族人民朝着共同富裕目标阔步前进。

（一）强化防止返贫动态监测，巩固拓展脱贫攻坚成果

抓监测帮扶，开展“防返贫　守底线”专项行动。广西强化防止返贫动态监测和帮扶，对全区1128万户农户进行全覆盖大排查。全面推广使用广西防贫监

大学生走进东兰县，直播销售农产品，助力乡村振兴

测 App、广西乡村振兴和防贫监测大数据平台，构建“线上网络化、线下网格化”工作机制，建立健全“一户一册一卡”责任机制，及时落实帮扶措施，筑牢返贫致贫防线。

抓促进发展，持续缩小收入和发展差距。广西实施促进脱贫人口持续增收三年行动，逐户制订增收计划、落实增收措施。打造“八桂系列”劳务品牌，强化劳务输出组织，扶持就业帮扶车间发展，创新开发乡村建设公益性岗位。强化易地搬迁后续扶持，实施搬迁群众就业帮扶专项行动，2022年帮助32.42万搬迁劳动力务工，实现15.87万户有劳动能力且有就业意愿的搬迁户每户1人以上就业。深化粤桂东西部协作促进区域发展，持续推进抓好产业和劳务协作、消费帮扶与产业协作的结合，深化拓展人才帮扶，持续强化社会帮扶，巩固完善“一县一园”建设、“圳品”帮扶模式、全产业链帮扶模式、“一县一企 N 车间”建设、粤企入桂“双百”行动、“万企兴万村”行动。

融安县通过粤桂协作项目研发现代竹制产品，以产业助推乡村振兴

知识链接

一朵茉莉花成就一座城

横州市是世界茉莉花和茉莉花茶生产中心、世界茉莉花都、中国茉莉之乡、中国茶叶产业示范县、国家重点花文化基地。“全球 10 朵茉莉花，有 6 朵来自广西横州。”横州茉莉花和茉莉花茶的产量均占全国的 80% 以上、全世界的 60% 以上。

近年来，横州市不断推动茉莉花产业建链、补链、强链、延链，“1 + 9”产业集群（茉莉花 + 花茶、食品、盆栽、旅游、餐饮、用品、体育、药用、康养）发展助推了茉莉花产业升级。产品的多元化发展进一步契合和激发市场新需求，农旅融合、以工带农、以节彰文等更是促进茉莉花产业的“全链条”发展。横州茉莉花和茉莉花茶的综合品牌价值在 2021 年达 215.3 亿元，在 2022 年达 218.14 亿元，均突破 200 亿元。

未来，横州要让茉莉花与荷兰郁金香、保加利亚玫瑰和法国薰衣草一样，从花茶配角变成世界之花，打造“世界花都”。

（二）全面保障粮食生产，壮大特色优势产业

全面实施“藏粮于地、藏粮于技”战略。广西毫不松懈抓好粮食稳产丰产，打好稳粮食兴乡村攻坚战，全面推行田长制，全面完成国家下达的粮食播种面积和总产量任务。大力建设高标准农田，坚决遏制耕地“非农化”、严格管控“非粮化”，开展耕地保护系列专项行动，2022年新建高标准农田240万亩，加大耕地撂荒治理力度。保障农资生产供应，加强农田水利基础设施建设，科学抓好农业防灾减灾。开展粮食节约行动，强化扶粮政策落实，探索构建农民种粮收益保障机制，完善政策性农业保险体系，粮食播种面积、单产和总产量连续三年增长。

立足区域资源优势，发展特色农业经济。广西把现代特色农业示范区建设作为发展现代农业的突破口和重要抓手，以遍布各地的示范园区为龙头，辐射带动各大优势产业集群集聚发展，加快构建“10 + 3 + N”现代特色农业产业体系，成功打造一批千百亿元产值的优势特色产业集群。其中，糖料蔗、园林水果、蚕茧、木材、茉莉花、罗汉果、近江牡蛎等产业规模均名列全国第一。2023年广西继续实施农业品牌精品培育工程，围绕十大农业主导产业加强布局统筹，打好粮食保丰收、糖蔗扩面积、蔬菜提单产、水果调结构、茶叶强品牌、蚕桑聚集群、畜禽稳产能、渔业促转型、林业稳增长和中药材提品质“十场硬仗”，推动品种

知识链接

广西桂字号农业品牌亮相央视

2023 年 3 月初，主题为“壮美广西　生态农业”的广西桂字号农业品牌宣传片亮相央视《新闻 30 分》栏目，首次播出的品牌为沃柑＋砂糖橘、罗汉果＋六堡茶，为全国人民带来了富含八桂壮乡特色的视觉享受，进一步打响了“桂字号”农业品牌，助力乡村振兴。

近年来，广西农业品牌建设力度空前，“桂字号”农产品品牌发展进程加速。2022 年，广西累计认定 5 批次共 503 个农业品牌，其中，农产品区域公用品牌 86 个，农业企业品牌 164 个，农产品品牌 253 个，总产值 1484 亿元，品牌总价值超过 4450 亿元。

培优、品质提升、品牌打造和标准化生产，全面提升“桂字号”农产品品牌价值和市场影响力。同时，广西进一步加强乡村旅游基础设施和公共服务配套设施建设，延伸丰富文旅产业内涵，打造一批休闲农业与乡村旅游精品线路，促进旅游与农业、工业、文体等产业深度融合发展，扩宽农民增收致富路，满足城乡居民对美好生活的向往。

（三）抓好普惠保障兜底，持续保障改善民生

抓好普惠性、基础性、兜底性民生建设。近年来，广西民生支出占财政支出的比重保持在八成左右。通过落实就业优先战略和积极就业政策，抓好高校毕业生、退役军人、农民工等重点群体就业创业工作，2022年城镇新增就业38.42万人。稳步推进乡村建设行动，开展农村人居环境整治提升五年行动，统筹推进农村厕所革命、生活污水治理、生活垃圾治理及村容村貌提升，农村生活垃圾收运处置体系覆盖率提高到95%以上。加快新一轮乡村路、水、电等基础设施建设，启动自然村（屯）道路通畅、自然村（屯）道路提升、乡村道路安全生命防护“三项工程”建设。2022年广西全面实现县县通高速公路，97.6%的乡镇通三级以上公路，形成广覆盖、深通达、高品质的农村公路网络。

加强和改进乡村治理，乡风文明建设不断深化拓展。近年来，广西大力开展“推进移风易俗·助力乡村振兴”新时代文明实践志愿服务活动，持续抓好文明村镇、文明家庭等创建活动，加强“一约四会”（村规民约和红白理事会、道德评议会、村民议事会、禁毒禁赌会）建设，积极探索乡村治理模式，推广乡村振兴文明实践积分卡制度，培育文明乡风、良好家风、淳朴民风，2022年推进34个自

在扶绥县新宁镇百合社区易地扶贫搬迁安置点农家书屋里，志愿者和孩子们一起学习交通安全知识

治区级乡村治理示范村创建，清单制、积分制、数字化已推广覆盖超过1500个村（自然村），全区文明村镇比例达70.1%。

三、贯彻落实科教兴桂、人才强桂、创新驱动发展战略

习近平总书记强调，抓创新就是抓发展，谋创新就是谋未来。教育、科技、人才是全面建设社会主义现代化国家的基础性、战略性支撑。广西坚持科技是第一生产力、人才是第一资源、创新是第一动力，在全国率先成立教育科技人才综合改革专项小组，深入贯彻落实科教兴桂、人才强桂、创新驱动发展战略，聚焦产业技术攻关，聚合创新资源要素，聚拢各类创新主体，统筹推进科技、教育、人才等领域改革，不断塑造发展新动能新优势，为新时代壮美广西建设提供有力支撑。

（一）实施科技“尖锋”行动，激发企业创新活力

对标先进激发企业创新活力。我国创新排头兵深圳十多年前创新发展就实现“四个90%”，即90%以上研发人员集中在企业、90%以上研发资金来源于企业、90%以上研发机构设立在企业、90%以上职务发明专利来自企业。广西对标科技创新先进地区，迎头追赶，不断加大对高新技术企业的支持力度，2022年安排研发经费投入财政奖补资金1.62亿元，发放科技创新券6750.5万元，惠及732家企业；落实高新技术企业按15%减征企业所得税税收优惠，减免企业所得税20.76亿元；

投放“桂惠贷—科创贷”167亿元，直接降低企业融资成本近5亿元。广西创新创业环境持续向好，不断激发企业创新活力。

实施科技“尖锋”行动打赢攻坚战。近年来，广西坚持“前端聚焦、中间协同、后端转化”，实施科技强桂行动，大力培育发展新动能，充分激发创新活力，创新型广西建设取得阶段性成效。2022年综合科技创新水平指数为54.82%，连续两年位于全国综合科技创新水平第二梯队；高新技术产业化水平指数连续六年进入全国前十；突破重大技术74项；平南三桥成为全国首个荣获“中国钢结构金奖年度杰出工程大奖”的桥梁类项目，桂林橡胶设计院的“五复合橡胶挤出机头”荣获第二十三届中国专利金奖；战略性新兴产业对工业增长的贡献率超过30%。2023年广西坚持“产业出题、科技答题”，全面实施科技“尖锋”行动，着力打好重点产业关键核心技术攻坚战，聚焦新能源汽车、工程机械、动力装备、高端铝合金新材料、绿色化工新材料、平陆运河建设、现代特色农业七大领域，依托骨干龙头企业，实施100项以上攻关项目，力争突破80项以上关键核心技术，

知识链接

广西大学天文与空间科学技术团队取得深空探索重大观测成果

2022年12月，广西大学天文与空间科学技术团队的科研成果，以《船帆座脉冲星风云X射线偏振趋近同步辐射理论极限》为题，在国际顶级期刊《自然》杂志发表，实现了以广西本地研究机构为第一完成单位在该期刊刊发研究论文的历史性突破。广西大学物理科学与工程技术学院青年教师、副教授谢斐是第一作者和唯一通讯作者。

谢斐副教授和她的团队利用世界首个聚焦型X射线偏振望远镜（IXPE）观测到的数据，对一个脉冲星风云的X射线偏振特性进行研究，发现其偏振度极高，接近同步辐射理论的上限，这是人类目前在高能波段探测到的偏振度最高的一个目标源。

谢斐（左四）与团队成员在进行科研讨论

争取更多特色优势领域创新能力进入全国领先行列，加快构建集中高效的产业创新体系。

（二）促进校企协同创新，深化产研融合发展

组建校企协同创新联合体。为加快创新型广西建设，破除“创新孤岛”，打造产学研用新高地，广西瞄准产业发展最紧急、最紧迫的问题，以解决制约产业发展的关键核心技术为目标，以承担重大科技项目为主要任务，以市场机制为纽带，引导支持技术创新资源整合能力强的龙头领军企业牵头率先探索组建创新联合体，在更广范围、更深程度、更高水平上推动校企合作，构建伙伴关系，实现优势互补和协同创新，加快高校科技成果向企业转移转化，打通从科技强到企业强、产业强、经济强的通道，有力支撑产业链供应链安全。2022年广西积极引导龙头骨干企业联合高等学校、科研院所组建校企协同创新联合体、新型研发机构、重点实验室等创新平台，全年新认定广西重点实验室18家。

优化配置深化产研融合。在产研融合方面，广西抓好“带土移植”“厚土培植”，对政策、资金、项目、平台、人才等关键创新资源进行系统布局、精确配置到企业，促进教育链、人才链与产业链、创新链有机衔接，充分激发科技领军企业“揭榜挂帅”作用，培养一批核心技术能力突出、集成创新能力强的创新型领军企业，持续推进科技重大专项和重点研发计划项目，不断突破重大技术。

知识链接

广西科技大学参与建设广西新能源汽车实验室

2022年8月3日，广西新能源汽车实验室在柳州成立。

广西新能源汽车实验室是广西批准组建的首家自治区实验室，以上汽通用五菱汽车股份有限公司为牵头组建单位，与广西科技大学、广西汽车研究院、国家汽车质量检验中心（广西）等3家单位共同建设。广西科技大学是该实验室合作共建单位中的唯一高校。

近年来，广西科技大学主动融入柳州市产教融合试点城市建设和广西（柳州）创建国家级车联网先导区，不断深化产教融合、打造新一代汽车特色学科群，进一步凸显学校的应用型办学定位，彰显学校“校市相融、校企合作”的办学特色。广西科技大学以共建广西新能源汽车实验室为契机，主动对接地方产业需求，开展新能源汽车关键技术攻关、成果转化，持续完善产教融合协同育人机制。

2022年转化科技成果1697项，新增特色金属材料与组合结构全寿命安全、靶向肿瘤学2家省部共建国家重点实验室等一批高水平科研创新平台，高校牵头获得72项广西科学技术奖。

（三）推进教育提质振兴，办好人民满意的教育

各项指标实现全面提升。2022年广西学前教育毛入园率、九年义务教育巩固率、高中阶段毛入学率、高等教育毛入学率分别达到93%、96.7%、92.9%、53.4%，与2021年相比分别提高0.7、0.2、0.9、1个百分点，促进教育公平、提升教育质量取得更大实质性进展。

持续办好更加公平更有质量的基础教育。2023年广西加快学前教育优质普惠发展，大力实施"十四五"学前教育发展提升行动计划。加快义务教育优质均衡和城乡一体化发展，深入推进义务教育优质均衡先行创建工作，深化义务教育学区制和集团化办学改革，统筹推进20万人口以上县（市、区）特教学校全覆盖。积极开展市域普通高中"协同式"帮扶，大力发展边境地区教育，深入实施边境地区教育提升工程，加快推进边境地区教育示范带建设，努力打造高质量的南疆国门教育体系。

加快构建产教集聚融合富有广西特色的现代职业教育体系。2023年广西推进产教集聚融合，打造面向东盟的职业教育开放合作创新高地。加强产教融合校企合作，遴选认定一批自治区级职业教育示范性虚拟仿真实训基地、民族传承创新职业教育基地和一批高等职业教育示范性产业学院、示范性职业教育集团，举办中国—东盟职业教育合作发展大会。

着力发展人才自主培养质量更高、服务区域经济社会发展能力更强的高等教育。2023年广西优化专业结构，深化高校学科专业供给侧改革，加快推进"四新"（新工科、新医科、新农科、新文科）建设。建设一批国家级和自治区级一流本科专业和课程，加大拔尖创新人才培养力度，推进现代产业学院建设，推进研究生教育改革。提升科技创新水平，深入推进"双一流"建设，加强对口支援、协同提升省部共建及省部合建工作。

（四）厚植人才成长沃土，为高质量发展聚智赋能

以战略思维推进人才发展部署。广西紧盯重大战略、重点区域、重点产业和重大项目，统筹考虑资源禀赋、产业结构和科技基础，对人才的引育留用进行全

流程设计和全链条安排。重点加强高端人才和紧缺人才的前瞻性谋划，推动人才结构体系和工作体系调整优化，积极融入国家“一带一路”科技创新行动计划、粤港澳大湾区国际科技创新中心建设等，推进广西人才发展规划、政策制定和制度创新全方位对接。

以发展意识构建人才衔接融合链条。广西聚焦传统产业升级、特色产业壮大、新兴产业发展培育人才，在“千企科技创新”等工程及项目中统筹人才发展。以重点经济带、主体功能区等产业发展为依托，在“1 + 2 + N”人才发展示范区建设中突出人才培育，推动人才向南宁打造自治区级自主创新示范区、柳州打造广西现代制造城、桂林打造世界级旅游城市等建设聚焦聚力。深入实施企业科技特派员行动和乡村科技特派员制度，推动人才从实验室走向生产线，推动人才链与“大湾区—北部湾经济区—东盟”等跨区域跨境产业链融合互促。

以开放理念打造人才集聚承载平台。广西按照面向世界科技前沿、面向经济主战场、面向国家重大需求、面向人民生命健康要求，统筹人才培养平台、科技创新平台、创新服务平台、开放合作平台等建设，优化人才承载平台的空间、产业和学科布局，加快战略科技力量体系夯基立柱。建立以企业关键核心技术需求为导向的人才聚集模式，构筑“瞪羚”“独角兽”等高科技企业人才“蓄水池”。加快构建“国家重点实验室 + 教育部重点实验室 + 自治区重点实验室”体系，推进共建海外人才离岸创新创业基地等，深化“人才飞地”“科创飞地”等联建共建，鼓励国内外创新主体来广西设立新型研发机构。

以长远眼光锻造人才专业队伍体系。广西聚焦“高精尖缺特”，坚持自主培养与柔性引才并举，加强“院士后备人选—八桂学者—特聘专家—青年人才”体系人才培育，构建“塔尖”到“塔基”全方位人才梯队。支持青年人才挑大梁、

> 要坚持走基础研究人才自主培养之路，深入实施“中学生英才计划”“强基计划”“基础学科拔尖学生培养计划”，优化基础学科教育体系，发挥高校特别是“双一流”高校基础研究人才培养主力军作用，加强国家急需高层次人才培养，源源不断地造就规模宏大的基础研究后备力量。
>
> ——习近平总书记2023年2月21日在二十届中央政治局第三次集体学习时的重要讲话

当主角，提高产业、科技、教育等项目对青年人才的支持比例，完善资深专家学者与青年人才协作机制。实施高水平创新创业团队培养计划，开展“云上引智”，创新实施“带土移植”一体引进“科技项目＋科技团队”。

四、全面深化改革为推动高质量发展破局开路

立足新发展阶段，贯彻新发展理念，实现高质量发展，就要不断在深化改革上下功夫，持续向改革要动力、要活力。2022年广西以更大的改革力度、更实的改革举措，勇敢挺进改革“深水区”，全面深化改革在八桂大地上铺开，建设新时代壮美广西的崭新画卷在改革创新中跃然呈现。

（一）加强统筹领导，改革攻坚蹄疾步稳

提高站位谋改革发展。广西坚持把贯彻落实习近平总书记重要指示精神和党中央决策部署作为首要政治任务，结合实际谋划和推进各领域改革。自治区党委统筹谋划统一推动，自治区党委深改委委员以及各专项小组领导领衔推进一系列重大改革任务，带头抓落实、善于抓落实、层层抓落实，形成齐抓共促改革的良好局面。

协同攻坚破改革难题。广西在全区部署开展“改革攻坚落实年”，自治区层面聚焦改革难点、堵点、焦点，着力推进攻坚事项295项，推动设区市统筹各县（市、区）和市直部门自主开展一系列改革攻坚事项，实行清单化管理、项目化推进，全区上下形成竞相改革、协同攻坚的良好局面，有效推动改革更好服务全区

知识链接

广西“不动产登记＋税务”改革实现涉税业务掌上智能即办

为解决涉税类不动产登记事项办理频率高、佐证材料多、办理耗时长的全国性难题，2022年广西税务局联合自然资源部门创新推动“不动产登记＋税务”改革，推进信息“全字段、全属性、全方位”深度共享，推进两部门核心系统集成，实现不动产登记办税掌上智能即办：申请人只需通过App刷脸，系统即可自动提取数据、自动交互核验、智能预填税额，让纳税人“一键”确认，最快5分钟即可办结。同时开通智能退税、跨境办理等业务，有效服务广西对接RCEP战略。

经济社会发展大局。

系统集成增改革实效。广西持续推进产业发展、绿色发展、城乡融合、乡村振兴、园区建设、沿边开发、基层治理、干部担当等8大领域2批42个改革集成试点，通过不断深化改革系统集成，优化组合一批政策措施，破解一批发展难题，形成一批改革成果。

（二）聚力重点关键，发展动能不断增强

持续激发高质量发展新动能。广西统筹推进“放管服”、科技创新、高标准市场体系建设、要素市场化配置等经济领域改革，经济发展动力活力不断释放。巩固深化政务服务“一网通办”“跨省通办”，300多项高频政务服务事项实现“跨省通办”，全区超99%的行政许可事项“最多跑一次”，75.1%的事项“一次不用跑”，营商环境多项重点指标达到国内一流水平。全面完成国企改革三年行动191项任务，国有企业竞争力不断增强。健全产权保护、市场准入、公平竞争等制度体系，民营经济取得长足进步和发展。全区市场主体达430万，企业活跃度指数达到72%，高于全国平均水平。

加快构建高水平开放新格局。广西实行更加积极主动的开放战略，畅通开放

2022年12月15日，西津水利枢纽二线船闸工程正式通航，形成江海联运新格局

通道，发展开放经济，完善开放机制，加快打通开放发展的“任督二脉”。西部陆海新通道建设有力有序推进，平陆运河项目实现实质性开工、持续性建设，中国（广西）自由贸易试验区全面实施120项改革试点任务，推动中马钦州产业园区跨境金融创新试点，推出“跨境人民币同业融资”“人民币境外项目贷款”等全国领先的跨境人民币金融创新政策。出台《广西对接长江经济带发展实施方案（2022—2025年）》等，积极对接长江经济带发展、粤港澳大湾区建设等区域重大战略。

不断谱写高效能治理新篇章。广西坚持党建引领，积极稳妥推进民主法制领域各项改革，坚持和发展全过程人民民主，深化人大工作制度改革和政协协商民主实践，持续深化各民族交往交流交融，铸牢中华民族共同体意识。基层社会治理提质增效，构建“法院＋工会＋人社＋N”劳动争议多元化解机制，打造产业工人维权服务新模式。构建普惠均等的公共法律服务体系，全区公共法律服务中心（站、室）达1.7万个，实现五级实体平台全覆盖。

（三）坚持人民至上，民生福祉持续增进

打造高品质医疗服务。广西全面推进公立医院薪酬制度改革，推进乡村医生“乡聘村用”，提高基层医疗卫生人才待遇。改革异地就医直接结算办法，2022年全区异地就医直接结算总费用141亿元。常态化推进药品、耗材集中带量采购，429个常用药品和17类医用耗材集采平均降幅49.42%。

推动文化繁荣发展。广西深化文化体制改革，加快推进自治区、市、县融媒体平台建设，推动广西演艺集团深化改革，实施广西广电网络公司战略性重组整合。出台支持桂林打造世界级旅游城市若干措施，支持桂林市重大文旅项目和基础设施项目建设。加快推进历史文化名城、历史文化街区保护规划编制，全区划定公布36片历史文化街区、678处历史建筑。持续推进特色博物馆建设，一批市县级特色博物馆相继建成。电影《秀美人生》、彩调剧《新刘三姐》等一批文艺精品荣获国家级大奖。

厚植生态环境优势。广西出台《中共广西壮族自治区委员会关于厚植生态环境优势推动绿色发展迈出新步伐的决定》，将绿色发展理念贯穿经济社会发展全过程和各领域。全面推行河（湖）长制、田长制、林长制、湾长制，健全深入打好污染防治攻坚战机制，打好蓝天、碧水、净土保卫战，城市环境空气质量、地表水水质、近岸海域水质稳居全国前列。积极稳妥推进碳达峰碳中和，部署实施节

能减排十大重点工程，切实推动经济社会全面绿色转型。

一代人有一代人的使命，一代人有一代人的担当。在新征程上，新时代大学生要切实提高政治站位、强化责任担当，志存高远、脚踏实地，争做创新攻关最前沿的开拓者、就业创业第一线的奋进者、乡村振兴主战场的奉献者、创优创效桥头堡的搏击者，为全面建设社会主义现代化国家、全面推进中华民族伟大复兴贡献青春、智慧和力量。

思考题

1. 请结合身边的事例，列举广西在推动边疆民族地区高质量发展上取得的成绩。

2. 谈谈自己对工业强桂战略的认识，列举三个你认为能代表广西工业的典型（如公司、产业园），并说明理由。

3. 民族要复兴、乡村必振兴。通过学习，对于广西从脱贫攻坚到乡村振兴实现无缝连接取得的成效，谈谈自己的理解和感想。

4. 结合“深入贯彻落实科教兴桂、人才强桂、创新驱动发展战略”，谈谈当代大学生如何发挥聪明才智为“在推动边疆民族地区高质量发展上展现更大作为”贡献力量。

Chapter 3 第三章

在服务和融入新发展格局上取得更大突破

党的二十大报告提出，必须完整、准确、全面贯彻新发展理念，坚持社会主义市场经济改革方向，坚持高水平对外开放，加快构建以国内大循环为主体、国内国际双循环相互促进的新发展格局。习近平总书记在参加党的二十大广西代表团讨论时，要求广西在服务和融入新发展格局上取得更大突破。奋力开创新时代壮美广西建设新局面，广西要统筹供与需、协调内与外，深度融入国内国际双循环，主动对接长江经济带发展，全面对接粤港澳大湾区建设，高水平共建西部陆海新通道，大力发展向海经济，服务建设中国—东盟命运共同体，努力在服务和融入新发展格局上取得更大突破。

一、主动对接长江经济带发展

2021年4月习近平总书记视察广西时指出，广西要主动对接长江经济带发展等国家重大战略。长江经济带覆盖上海、江苏、浙江、安徽、江西、湖北、湖南、重庆、四川、云南、贵州等11个省市，人口规模和经济总量均超过全国的40%，生态地位重要、综合实力较强、发展潜力巨大。广西与长江经济带地域相连、交流密切，与长江经济带区域具有广阔的合作发展空间。

（一）广西对接长江经济带发展的基础

历史基础。新中国成立之初，中央作出沿海城市支援边疆的决策部署，二十世纪五十年代上海主动整体搬迁20多家工业企业到广西，支援建设广西民族印刷厂、柳州建筑机械制造厂、桂林制药厂、梧州造漆厂等，随同企业搬迁的还有大批专家和技术人员，填补广西诸多工业行业空白，为广西工业发展奠定坚实基础。二十世纪八九十年代，江苏与广西确立对口支援关系，南京、苏州、无锡、常州、南通、连云港等市在经济建设、教育培训、医疗卫生等方面为广西经济社会发展作出突出贡献。同济大学、上海交通大学、浙江大学、南京大学等一批高校相继与广西10所普通本科高校签订对口合作协议。进入二十一世纪，长江经济带一批重大项目落户广西，上汽通用五菱、华谊钦州基地项目、东风柳汽、川桂国际产能合作产业园等合作项目取得重大成果，有力促进广西经济社会发展。

现实基础。近年来，广西积极服务和融入新发展格局，加快推进全方位开放发展，与长江经济带各省市交流密切，借助西部陆海新通道、泛珠三角区域合作、中国—东盟博览会和中国—东盟商务与投资峰会、中国西部国际博览会、中国西部国际投资贸易洽谈会、中国国际进口博览会等

> 要推动长江经济带发展和共建“一带一路”的融合，加快长江经济带上的“一带一路”战略支点建设，扩大投资和贸易，促进人文交流和民心相通。
>
> ——习近平总书记2020年11月14日在全面推动长江经济带发展座谈会上的重要讲话

华谊钦州化工新材料一体化基地是近年来广西承接东部产业转移最大的工业项目，是桂沪两区市深化东西部协作的重要成果

平台，不断深化省区市之间的交流合作。基础设施互联互通建设取得积极进展，西部陆海新通道班列稳定开行并实现大幅增长，与长江经济带各省市实现高铁连通，与长江经济带主要机场通航。先进制造业深度融入，现代服务业、特色农业合作不断深化，产业链供应链进一步做大做强。文化旅游合作取得新进展，与贵州、四川、重庆、湖南、湖北等省市建立大旅游圈、高铁旅游合作联盟，先后在重庆、四川等地举办文化旅游合作交流推介会。

（二）广西对接长江经济带发展的战略导向

以对接长三角地区为重点，积极融入长三角技术科技创新体系。紧紧抓住长三角产业转型升级机遇，加大产业承接转移力度，积极融入长三角技术创新体系，对接长三角生态绿色一体化发展示范区，推动广西全产业链优化升级，积极构建“长三角地区—广西—东盟”跨区域跨境产业链供应链，共同培育国际合作和竞争新优势。

以共建西部陆海新通道为切入点，推动广西北部湾经济区与成渝地区双城经济圈对接合作。建成我国连接东盟时间最短、服务最好、价格最优的西部陆海新通道，着力推进广西北部湾国际门户港建设，提升西部陆海新通道物流质量和效率，共同参与“数字丝路”建设，联合打造高品质陆海联动经济走廊。

知识链接

《广西对接长江经济带发展实施方案（2022—2025年）》制定的主要任务

★ 积极构建跨区域产业链供应链，推进产业分工协同发展。
★ 推进科技创新交流合作，更好赋能产业融合发展。
★ 构建高水平开放新格局，推动国家重大战略落地。
★ 持续提升优化营商环境，加大投融资对接合作。
★ 强化基础设施建设，打造区域性互联互通体系。
★ 推动公共服务协同发展，提升区域公共服务能力。
★ 加强生态环境联防联治，促进绿色低碳经济发展。

以对接长江中游城市群为支点，推进广西北部湾城市群与武汉城市圈、环长株潭城市群、环鄱阳湖城市群对接合作。加强重要先进制造业、现代农业、现代物流和科技创新合作，共同打造重要先进制造业和特色农业基地。

以跨区域合作为着眼点，持续推进桂滇、桂黔合作。推进省际合作园区建设，加强昆明、贵阳、南宁、柳州、桂林、河池等高铁经济带沿线城市合作，积极构建西南地区区域性大市场，促进人才、资本、数据等资源要素自由流动、共享发展。

二、全面对接粤港澳大湾区建设

广西是我国唯一与粤港澳大湾区既有省界接壤又有陆海江三种通道相连的西部省区，是西南地区连接大湾区的重要枢纽，对接大湾区优势明显、潜力巨大。

（一）广西全面对接大湾区建设工作成效显著

加快构建对接大湾区的立体交通网络。粤桂两省区客运铁路交通基本形成公交化、高密度运行状态，每天有100多对高速列车在粤桂间来回穿梭，北部湾港—香港轮船航线实现“天天班”。桂林是粤港澳大湾区的“后花园”，湘桂、贵广高铁在此交会。梧州是珠江—西江经济带重要节点城市，与广州、佛山、深圳等市实现高铁“公交化”，形成与周边地市一至两小时交通圈。长洲水利枢纽工程被称为西江黄金水道的“咽喉”，自2020年起，船闸年过货量连续两年超过1.5亿吨，一举超越长江三峡船闸，成为全国天然河流过货量第一船闸。玉林福绵机场2020年8月正式通航，玉林至湛江高速公路（广西段）通车。广西至广

梧州长洲水利枢纽，是西江航运干线上最大的一个梯级枢纽，也是西江黄金水道通往粤港澳大湾区的“咽喉”

州港南沙港区集装箱海铁联运班列开行，实现北部湾城市群与大湾区更高效的互联互通。设计时速350公里的南宁至深圳高铁作为连接两广的重要通道项目正如火如荼建设。

产业联动发展积极有效。随着西部陆海新通道建设的推进，《区域全面经济伙伴关系协定》（RCEP）全面实施，广西与东盟国家陆海相连的区位优势愈发凸显，北部湾经济区与广大西部腹地的经济连接更为紧密便捷。广西坚持深化与香港、澳门、广州、深圳等地务实合作，“大湾区—北部湾经济区—东盟”跨区域跨境产业链供应链正加快形成。为深度融入大湾区产业链，广西陆续举办“对接粤港澳大湾区——走进港澳”“全面对接粤港澳大湾区产业发展推介会”等活动，华为、平安、万科、正威等知名企业与广西签订了一批投资类合作项目。广西还积极利用大湾区平台，推动自身优势产业“走出去”，“广西制造”“广西特色”“广西质量”在国际市场上崭露头角。

政策对接持续深化。广西出台《广西全面对接粤港澳大湾区建设总体规划（2018—2035年）》《全面对接粤港澳大湾区加快珠江—西江经济带（广西）发展若干意见》等文件政策，把大湾区作为对接先进生产力的重要战略方向，把粤港澳的资金、技术、人才、管理等要素与广西的区位、资源、生态、政策等优势结合起来，深度推动粤港澳大湾区与北部湾经济区“两湾”联动，为加快推进“两湾”产业融合发展先行试验区高质量发展提供强有力的政策保障。面向“十四五”，广

西江黄金水道梧州段，大小船舶川流不息

西与广东签署粤桂协作框架协议，在乡村振兴上持续深化东西部协作，全面加强产业、劳务、消费、人才、基础设施、社会事业等领域合作，全力推进粤桂全面协作、高水平协作。

（二）深度融入大湾区建设新作为

推动与大湾区的产业链融合。广西围绕大湾区的总体定位和产业对接融合联动需求，建立服务与补充大湾区整体产业链发展拓展的机制和模式，坚持优势互补、分工合作，充分利用大湾区的产业领先优势和市场强大容量，采取飞地经济、园区共建与产研融合等多种模式，在产业链拓展延伸过程中加强不同产业企业之间的关联合作，主动承接大湾区产业转移、参与大湾区产业升级。建设完善一批产业承接转移基地，引导生物医药、装备制造、轻工食品等重点产业布局，加快培育现代物流、现代金融、特色旅游、健康养生等四大现代服务业。加快推进基础设施互联互通，积极推进重点铁路、重点公路、重点水运与重点航空项目的建设施工，形成广西与大湾区间客运铁路交通公交化、高密度运行系统，进一步服务区域产业转移、布局与发展。

推动对大湾区的产能溢出承接。广西以大湾区产能溢出尤其是优质产能溢出与产业对接为突破口，加快软硬件设施建设完善及高新技术产业开发区、经济技术开发区等园区整合，强化科技成果转化能力与产业承接服务配套能力。精准、有效选择大湾区受到“挤压”后“溢出”的优质产能、项目与企业，重点承接大湾区电子信息、装备制造、生物医药及大健康、轻工食品、农产品精深加工等产业转移。重点研究大湾区新兴或高新产业的产业发展趋势，找准承接产业切入点与产能支撑点。通过针对性输出服务大湾区的优势或互补产业所需要素的同时，补足自身在产业链、价值链、创新链与人才链等各方面的短板，在数字经济、互联网等新兴产业行业方面推动创新发展。

全力服务大湾区价值链拓展增值。广西借助大湾区创新平台与创新生态环境，以大湾区的产业创新溢出与影响推动本土产业在机制、体制、平台等全要素的全方位创新转变，并以产业创新发展驱动要素流向、资源配置、技术变革和空间布局的全面重塑，在产业集聚、行业发展、商业模式、市场机制等方面实现全方位变革。打造独特产业创新优势，吸引大湾区产业与行业就近转移。依托大湾区产业基础，以助力强化大湾区内部产业链分工协同为重点，充分挖掘自身资源要素高价值开发的内涵与方向，重构产业创新发展的全新环境，拓展产业链发展空间、内生动力与持续活力，推动产业发展由传统的资源要素模式向创新发展模式转换，最终促进广西产业链、价值链全面拓展与优化升级。

全面对接大湾区的产业转移。广西重点关注做好整体产业空间布局发展的统筹规划，从区域整体利益出发进行各市、县产业发展规划的统一编制。明确各城市功能分工，充分发挥各市（县）域的发展特色与比较优势，引导大湾区转移产业在广西各重点市（县）域实现行业相互衔接、空间布局协调的特色鲜明的区域产业布局。紧抓 RCEP 及大湾区建设战略机遇，充分发挥面向东盟的独特优势与战略作用，以沿边临港产业园区、重点开发开放试验区、边境经济合作区和国家一类口岸等为发展支撑，以保税港区、综合保税区及出口加工区等为合作载体，将培育产业集群动力与国际竞争力相结合，构建广西与大湾区区域合作共同的对外开放平台体系与开放门户，构建区域对接合作发展新格局与国际竞争合力。

知识链接

广西全面对接粤港澳大湾区建设的功能定位

★ 大湾区向西南辐射拓展的关键通道。

★ 大湾区与东盟国家加强合作的关键节点。

★ 大湾区科技成果转化的承接区。

★ 大湾区优质生活圈的延伸区。

★ 大湾区与泛珠三角区域深度合作的示范区。

三、高水平共建西部陆海新通道

习近平总书记在广西视察时强调，广西要“高水平共建西部陆海新通道”。加快建设西部陆海新通道，是党的二十大作出的重要部署，也是广西服务和融入新发展格局的重要突破口。广西全力以赴进行基础设施和运输能力建设，推进与沿线各城市的高效联通，为西部陆海新通道发展贡献力量。

（一）新通道建设取得新成效

通道运输能力提升。以泉南高速、兰海高速、银百高速为主的三大高速公路主通道广西段已全线贯通，以铁路为骨干、高等级公路为补充的干线运输能力大幅提升。空中运输通道加快构建。广西已建成运营8个运输机场，“两干六支”民航机场体系初步形成，航线覆盖全国大部分城市，开通覆盖东盟10国主要城市的定期航班，累计开通国际货运航线17条。平陆运河进入全面建设新阶段，建成后将在我国西南地区开辟一条由西江干流向南入海的江海联运大通道。北部湾港设施能力不断提升，已建成钦州港20万吨级航道、钦州港30万吨级油码头、全国首个海铁联运自动化集装箱码头等一批重大项目，港口综合吞吐能力近3亿吨。2022年北部湾港集装箱吞吐量超700万标箱，新增外贸集装箱航线10条，北部湾港进入

繁忙的北部湾港防城港区码头

知识链接

平陆运河：通江达海　向海图强

广西平陆运河是西部陆海新通道的骨干工程，是交通强国建设标志性工程。

2021 年，党中央、国务院将平陆运河纳入“四纵四横两网”国家高等级航道布局规划建设。平陆运河起点为南宁横州市西津库区平塘江口，经钦州市灵山县陆屋镇沿钦江进入北部湾，全长约 134.2 公里，建成后可通航 5000 吨级船舶，将缩短西江中上游地区入海航程约 560 公里，开辟广西内陆及我国西南、西北地区运距最短、最经济最便捷的出海通道，大幅提升西部陆海新通道运输能力。

平陆运河远期与湘桂运河衔接，将纵向贯通长江、珠江及北部湾，更好服务西南、中南地区向南入海直达东盟。湘桂运河建成后，可以实现汉江、长江、湘江、桂江、西江大连通，有效缩短长江中上游地区货物至北部湾水运里程约 1200 公里。

2022 年 8 月 28 日，平陆运河正式开工建设，百里浩荡运河从梦想奔向现实。

平陆运河起点——南宁横州市平塘江口

平陆运河入海口——钦州市沙井港

2022年西部陆海新通道海铁联运班列累计开行量突破8800列

全国沿海十大港口、集装箱吞吐量增速连续三年居全国首位，开启通航30万吨级巨轮的历史。

运行规模不断扩大。西部陆海新通道已初步形成北部湾港海铁联运班列、中越跨境班列、中南半岛跨境公路班车等多种物流组织模式。2022年钦州铁路集装箱中心站集装箱办理量增长28.7%，全年突破40万标箱、达40.8万标箱，办理量排名提升至全国第5位。西部陆海新通道海铁联运班列开行量突破8800列、增幅超40%，提前71天完成年度7000列目标；北部湾港海铁联运班列已覆盖17省60市113站，实现西部12省份全覆盖。陆路端与中欧、中亚班列有效衔接，海运端通达100多个国家和地区的300多个港口，可提供海铁联运全程“一口价、一站式”服务。

营商环境持续改善。广西深入实施北部湾港降费提效优服专项行动，北部湾港综合收费水平与国内主要港口已基本持平。全面推广“提前申报”等通关模式改革，2022年广西口岸进口整体通关时间缩短到11.65小时，出口整体通关时间缩短到0.38小时，较2017年分别压缩79.41%、97.3%，在全国沿海地区口岸排名前列。进一步完善北部湾国际门户港航运服务中心功能，出台吸引航运相关企业入驻的优惠政策，推动全国首个陆路启运港退税试点政策在北部湾港落地实施，更多企业享受“西部陆海新通道海铁联运班列+陆路启运港退税试点政策”的叠加红利。

开放合作水平再提升。得益于通道产业、贸易合作交流不断深化，广西对外开放进一步扩大，正在高质量培育、打造现代经贸走廊和现代产业走廊。新加坡国际港务集团、太平船务、中远海运集团等国际大型港航企业深度参与北部湾港建设运营，中马“两国双园”、中新南宁国际物流园、川桂国际产能合作产业园等国际省际合作园区加快建设，北海、防城港、钦州等地一批产值超千亿元的临港产业园区加快发展。

（二）推动新通道建设再提速

全面提升通道基础设施能级。2023年广西将建成运营贵阳至南宁高铁、防城港至东兴铁路，建成天峨至北海公路（平塘至南宁段）、水口至崇左至爱店公路（崇左至爱店口岸段）、G72泉南高速桂林至柳州段改扩建等项目，开工建设西江航运干线南宁（牛湾）至贵港3000吨级航道、龙滩水电站通航设施、都柳江梅林航电枢纽等项目，还将高标准、高质量推进西部陆海新通道骨干工程平陆运河工程全面建设，加快打造南宁机场面向东盟的门户枢纽和国际航空货运枢纽。

加快提升北部湾港现代化水平。2023年广西精准补齐港航设施短板，系统推进港口集疏运体系建设，大力提升港口智能化水平，推动打通钦州自动化码头与铁路集装箱中心站港口作业区间物理隔离，争取码头与中心站集装箱生产作业全环节、多主体实现信息互联共享，基本形成北部湾港集装箱海铁联运一体化运营体系。持续扩大北部湾港航线服务网络，稳定运营至香港、新加坡班轮航线，持续加密至RCEP成员国航线，优化“穿梭巴士”运营模式，推动开行滚

龙门大桥建成后，将缩减防城港与钦州港的时空距离，推动广西向海之路快速发展

知识链接

构建外联内畅、通江达海、高效便捷的大交通格局，广西2023年努力实现：

——北部湾港集装箱吞吐量突破**800万**标箱。

——海铁联运班列突破**9000列**。

——南宁机场国际航空货邮吞吐量确保完成**10万吨**、力争完成**12万吨**目标。

装船航线和至欧美的远洋航线。2023年北部湾港集装箱航线确保新增10条，力争新增12条。

不断强化物流枢纽节点布局建设。2023年广西统筹平陆运河、西江干支通道、北部湾港江海联运港区与交通物流枢纽节点布局建设，加快建设直达港口、物流园区的铁路、公路，构建以平陆运河为骨干的高效衔接全链条交通物流体系。大力推进南宁国际铁路港、中新南宁国际物流园等重大物流枢纽项目建设，不断完善物流设施网络布局。

着力提高通道运行质量效率。2023年广西进一步强化通道沿线货源组织，加大中西部地区货源开拓力度，推动区外货物向北部湾港集聚。持续扩大通道物流规模，强化海铁联运班列与中欧班列高效衔接，稳定开行广西直达中欧班列。大力推进多式联运发展，提升中越多式联运水平，研究推动海运和铁路货物运输标准衔接互认。通过建设北部湾港航运服务集聚区，加大招商力度，丰富航运服务业态，发展高端航运服务业。持续优化通道营商环境，加快口岸对外开放验收，深化“直提直装”等改革，推动“甩挂”“吊装”非接触式货物交接模式，推动以北部湾港为离境港的陆路启运港退税试点政策实施范围拓展至通道沿线重要枢纽节点，持续提升通关便利化水平。

大力推动通道经济融合发展。2023年广西依托南宁、北海、钦州、防城港等四市向海经济核心区和平陆运河经济带，推动港口、产业和城镇深度融合，促进南北钦防深度同城化发展。大力发展海洋经济，加强陆海产业链、供应链对接整合，重点发展以石油化工、新材料、装备制造等产业为龙头的临港产业集群，做大做强临港产业体系。深化产业与经贸合作，推进打造中马“两国双园”升级版、中泰（崇左）产业园；促进海南自由贸易港与广西北部湾经济区联

2022年6月28日，全球首创U型工艺、全国首个海铁联运自动化集装箱码头——北部湾港钦州自动化集装箱码头正式启用

动发展，加快建设中国（广西）自由贸易试验区及协同发展区，加快构建跨境、跨省产业链供应链。

四、积极推动向海开放合作

党的二十大报告提出“发展海洋经济，保护海洋生态环境，加快建设海洋强国”。2017年4月和2021年4月习近平总书记两次视察广西，先后提出“打造好向海经济”和“大力发展向海经济”的重要指示，为广西向海经济高质量发展指明方向、提供根本遵循。近年来，广西坚持陆海统筹，释放“海”的潜力，激发“江”的活力，做足“边”的文章，拓展蓝色空间，壮大向海产业，畅通向海通道，加强海洋科技创新，深化向海开放合作，保护海洋生态环境，加快建设海洋强区。

（一）向海经济发展取得明显成效

向海经济发展新格局初步形成。广西实施向海经济发展战略规划，坚持以陆带海、以海促陆，统筹陆海产业发展、基础设施建设和生态环境保护，构建以“南北钦防”为核心的“一核引领、两区联动、五带支撑”（做大做强南宁、北海、钦州、防城港等四市向海经济核心区，联动玉林、贵港、崇左等三市拓展区和柳

> 要高度重视海洋生态文明建设，加强海洋环境污染防治，保护海洋生物多样性，实现海洋资源有序开发利用，为子孙后代留下一片碧海蓝天。
>
> ——习近平总书记2019年10月15日致2019中国海洋经济博览会的贺信

州、桂林、梧州、百色、贺州、河池、来宾等七市辐射区，强化沿海经济带、西部陆海新通道经济带、边海联动经济带、桂东向海经济带、平陆运河经济带等五带支撑）向海经济发展空间布局，逐步推动形成陆海统筹、江海联动、山海协作的向海经济发展新格局。

向海经济现代产业体系加快构建。海洋渔业、海洋运输、滨海旅游等向海传统产业加快转型升级。广西积极推进建设4个国家级海洋牧场，升级改造4个沿海中心渔港，防城港渔港经济区成为首批国家重点支持建设的沿海渔港经济区。新材料、新装备、新能源等向海新兴产业加快发展。防城港红沙核电二期3号机组完成并网发电，防城港和钦州启动实施270万千瓦海上风电示范项目，中船钦州基地实现北部湾地区船舶出口订单零的突破。“千亿级”临港临海产业聚集发展。积极打造高端金属新材料、绿色化工新材料、电子信息等“三千亿级”临港临海产业集群，2022年北部湾经济区石油化工、电子信息、装备制造等八大产业集群营业收入突破万亿元，广西临海临港产业呈现聚集发展态势。

向海开放合作不断深化拓展。广西与东盟国家合作共建中国·印尼经贸合作区、马中关丹产业园、中国（广西）—文莱渔业合作示范区等一批境外园区，加快建设防城港国际医学开放试验区，加快推进中国—东盟国家海洋科技联合研发中心建设，成功举办中国—东南亚国家海洋合作论坛。2022年北部湾经济区6个设区市进出口总值5544亿元，同比增长14.5%，占2022年广西外贸进出口总值的84%。

海洋生态环境持续保持优良。广西组织实施海洋生态保护修复项目和

知识链接

广西向海经济发展定位

立足广西区位优势、资源禀赋、产业基础，结合建设海洋强区的战略目标，科学确定广西向海经济发展定位，引领向海经济高质量发展。

——向海经济北部湾先行区。

——区域特色现代化重要湾区。

——向海通道产业集聚区。

——面向东盟开放合作高地。

——海洋生态文明示范区。

广西海洋生态保护和修复成效显著，国家一级保护动物中华白海豚在钦州市三娘湾海域游弋

红树林保护修复专项行动，2019年以来累计完成整治和修复滨海湿地面积554公顷、岸线148公里，营造红树林347公顷，修复现有红树林927公顷。北海冯家江流域生态修复工程入选中国特色生态修复十大典型案例。2022年全区入海河流国家地表水考核断面水质优良比例达100%，近岸海域优良水质面积比例为94.5%，同比提升1.9个百分点，优于国家考核目标（≥92%）要求。

（二）“六大行动”打造向海经济

重点开展向海产业壮大行动。以港口和产业园区为载体，以精品化、链条化、集群化为目标，培育延伸向海产业链，加强沿海地区与内陆腹地产业联动，加快建设向海产业集聚区，构建现代向海产业体系。

重点开展向海通道建设行动。高水平共建西部陆海新通道，全力打造北部湾国际门户港，建设和完善“海陆空铁水”现代综合立体交通网络，构建外联内畅、通江达海、高效便捷的大交通格局。

重点开展海洋科技创新行动。实施科教兴海战略，打造强大海洋科技核心。面向向海经济主战场，提升涉海科研教育机构能力，加强人才队伍建设，打造海洋科技创新平台和人才高地，进一步增强海洋科技自主创新能力。

重点开展向海开放合作行动。加强与东盟国家的开放合作，积极探索构建互利共赢的蓝色伙伴关系，打造面向东盟开放合作新高地。与粤港澳大湾区、长江经济带、海南自由贸易港对接互动，大力发展飞地经济。

重点开展海企入桂招商行动。以向海产业链和产业园区为重点，围绕产业链上下游重要环节开展精准招商，促进向海产业向高端化、规模化、集群化转型升级。

重点开展美丽海湾建设行动。实施陆海污染统筹治理，加大海洋生态保护修复力度，提升海洋依法治理能力，建设北部湾美丽海湾，打造人海和谐、绿色发展的海洋生态文明广西样板。

五、服务建设中国—东盟命运共同体

广西是全国重点侨乡，地处中国—东盟合作前沿，在服务建设更为紧密的中国—东盟命运共同体中作用凸显、空间广阔、潜力巨大，有条件、有优势、有责任在建设中国—东盟命运共同体中更好发挥积极作用。

（一）广西具备积极服务建设共同体的良好基础

强有力的政策支持。在《区域全面经济伙伴关系协定》（RCEP）全面实施后，广西结合地方优势和自身特点进一步强化自身服务功能。2022年1月，中国商务部等6部门联合印发《关于高质量实施〈区域全面经济伙伴关系协定〉（RCEP）的指导意见》，明确支持广西提出的“通过北部湾国际门户港等重要枢纽，拓展面

知识链接

抢抓RCEP机遇　汇聚中国—东盟商品

2022年9月14日，中国—东盟特色商品汇聚中心在广西南宁揭牌。该中心立足中国与东盟，面向《区域全面经济伙伴关系协定》（RCEP）乃至“一带一路”沿线国家大市场，打造全方位服务、全效能链条、全商品覆盖的线上线下一站式首选平台。

中国—东盟特色商品汇聚中心的线上数字化平台涵盖特色商品线上展销、展馆云上展示、贸易管理服务、商务咨询服务等特色功能，通过线上B2B、B2C平台，B端商家能拓展生意达成合作，C端消费者能购买到特色东盟好物；线下已完成17个主题展馆的建设，包括10个东盟国家主题馆、4个RCEP其他区域国家主题馆、“一带一路”国家主题馆——巴基斯坦馆、世界清真商贸中心以及中国广西馆，释放中国—东盟博览会溢出的带动效应。

向《区域全面经济伙伴关系协定》成员国的经贸合作服务功能”。

“南宁渠道”作用不断彰显。截至2022年，中国—东盟博览会、中国—东盟商务与投资峰会已连续成功举办19届，中国—东盟高层对话平台不断夯实，中国—东盟多领域合作机制不断完善，“南宁渠道”影响力不断扩大。

西部陆海新通道加快建设。海铁联运班列实现常态化运营，对内辐射17个省区市、对外通达全球113个国家和地区，累计开行超2万列。北部湾国际门户港建成全国首个海铁联运自动化集装箱码头，航线覆盖100多个国家和地区的300多个港口。

经贸合作取得显著成效。广西利用外资与境外投资规模稳步增长，东盟连续23年成为广西第一大贸易伙伴。跨境电商物流覆盖中南半岛，面向东盟的“快货圈”初步建立。境内外重点合作园区升级发展，基本实现东盟国家合作园区全覆盖。以东盟为重点的RCEP区域合作不断深化。

开放合作平台有效拓展。中国（广西）自由贸易试验区120项改革试点任务全面实施，截至2023年6月，累计入驻企业数量超9万家。面向东盟的金融开放门户建设成效显著，广西跨境人民币结算总量在9个边境省（区）、12个西部省（区）中排名第1位。中国—东盟信息港建设稳步推进。

人文交流合作日益深化。教育交流日益密切，9个国家级中国—东盟职业教育人才培训中心落户广西高校。面向东盟科技合作成效显著，与9个东盟国家建

融安县通过技术创新和产业升级转型，生产的数据线远销泰国、马来西亚、越南和老挝等国家

立政府间双边技术转移工作机制。民间交流持续活跃，与东盟国家缔结57对国际友好城市，数量居全国首位。中国—东盟智库战略对话论坛等民间团体沟通作用日益凸显。

（二）多方位多渠道积极发挥广西作用

持续深化“南宁渠道”。办好第20届中国—东盟博览会、中国—东盟商务与投资峰会及系列活动，推动“四个全面升级”（全面升级高层对话机制、全面升级经贸实效、全面升级“南宁渠道”、全面升级永不落幕合作平台），实现其服务范围从“10＋1”向RCEP和“一带一路”拓展。推进南宁临空经济示范区建设，确保国际航空货邮吞吐量突破10万吨。充分利用东盟国家驻南宁总领事馆和商务联络处的便利，进一步加强与以东盟为重点对象的国际组织、研究机构的合作。利用中国—东盟博览会平台发布重大合作成果，打造中国—东盟经贸合作政策信息发布的权威渠道。

发挥西部陆海新通道牵引作用。加快建设大能力主通道，畅通干线铁路运输通道，提升公路运输通道能力，培育面向东盟的国际航空货运通道。加快北部湾国际门户港建设，推进北部湾港大型化、专业化、智能化发展，提升北部湾港在全国沿海港口中的地位，打造西部陆海新通道国际门户港口。大力发展多式联运，加快建设中国—东盟多式联运联盟。高标准高质量推进平陆运河建设。

知识链接

广西打造面向东盟的数字人民币应用先行示范区

2022年，广西跨境人民币年度结算量首次突破2000亿元。

2022年末，南宁市、防城港市正式列入中国数字人民币试点。中国人民银行南宁中心支行会同广西有关部门研究制定数字人民币试点实施方案，在南宁市、防城港市开展商圈零售、智慧食堂、绿色出行、智慧园区、智慧医疗、民生缴费、智慧政务、互联网平台、金融机构同业合作9类全国通用试点场景，以及中国—东盟合作、中国—东盟博览会、中国（广西）自由贸易试验区、边境互市贸易结算、兴边富民行动、特色文化旅游、区域服务平台、乡村振兴8类广西特色类场景应用试点，打造面向东盟“点面结合、自由贸易和边境贸易联动”的数字人民币应用先行示范区，形成“商圈＋场景＋研究＋技术”中国（广西）自由贸易试验区南宁片区试点特色，以及“商圈＋场景＋边贸＋监管”防城港边境贸易区试点特色。

推进国家级开放平台提质增效。实施自由贸易试验区提升战略，全力构建面向东盟开放合作先行先试示范区，加快中国—东盟大宗商品交易平台建设，提升中国—东盟经贸中心运营水平，打造面向东盟的经贸合作枢纽。加快建成面向东盟的金融开放门户，持续深化跨境金融创新，打造中国—东盟跨境金融服务中心。高水平建设中国—东盟信息港，提升与东盟国家的国际互联网通达水平，加快建设中国—东盟信息港南宁核心基地。加快防城港国际医学开放试验区建设。

深化面向东盟的经贸合作。挖掘面向东盟的贸易新增长点，全力推动外贸扩量提质，支持外贸企业多渠道拓展内销市场，加大 RCEP 市场开拓力度，深耕东盟传统市场，拓展日韩澳新贸易空间，推进跨境电商综合试验区建设。引导东盟国家投资流向先进制造、现代服务、数字经济等新兴产业。有序推进互联网、教育、文化、医疗等领域相关业务开放。深入开展数字经济合作，加快建设面向东盟的新一代信息技术创新与应用示范高地。

积极扩大面向东盟的沿边开放。提高沿边产业联动发展水平，加快百色、东兴、凭祥沿边重点开发开放试验区建设，大力推进边民互市贸易进口商品落地加工产业发展，建设一批面向东盟特色加工小镇，加快打造沿边特色产业经济带。优化沿边开放发展环境，深入推进通关便利化，扩大互市商品实际准入品种，打造互市进口商品落地加工示范区。

深化与东盟的人文交流合作。突出抓好教育合作，推进中国—东盟教育开放合作试验区建设。加强科技和人才交流，加快推进面向东盟科技创新合作区建设，支持建设中国—东盟人才城。深化文化与旅游合作，推动升级国家文化大数

2023年首届中国—东盟（南宁）非物质文化遗产周在南宁举办，来自中国25个省（区、市）和8个东盟国家的150多项非遗项目汇聚邕城

据东盟区域分中心，建设中国—东盟跨境旅游服务平台。加强医疗卫生和抗疫合作，建立健全与东盟国家重大疫情和突发公共卫生事件联防联控机制。

时代总是把历史责任赋予青年。习近平总书记曾指出，新时代的中国青年，生逢其时、重任在肩，施展才干的舞台无比广阔，实现梦想的前景无比光明。在力争服务和融入新发展格局取得更大突破的背景下，新时代大学生应深刻认识自身所肩负的时代使命，乘势而上，立足发展新机遇、新挑战，在主动服务国家战略中唤起青春担当。

思考题

1. 党的二十大报告指出，要“加快构建以国内大循环为主体、国内国际双循环相互促进的新发展格局”。广西如何在服务和融入新发展格局上取得更大突破?

2. 广西加快建设西部陆海新通道取得了哪些新成效? 将如何推动新通道建设再提速?

3. 党的二十大报告提出要“发展海洋经济，保护海洋生态环境，加快建设海洋强国”。广西如何释放“海”的潜力，更好服务海洋强国建设和中国—东盟命运共同体建设?

Chapter 4

第四章

在推动绿色发展上实现更大进展

党的二十大报告指出，中国式现代化是人与自然和谐共生的现代化，强调要“像保护眼睛一样保护自然和生态环境，坚定不移走生产发展、生活富裕、生态良好的文明发展道路，实现中华民族永续发展”。习近平总书记在参加党的二十大广西代表团讨论时，要求广西立足区位优势、着眼新的历史方位，在推动绿色发展上实现更大进展。我们必须深入学习贯彻习近平生态文明思想，持续加强生态环境保护建设，筑牢南方生态安全屏障，扎实推动绿色发展，夯实新时代壮美广西高质量发展的绿色根基。

一、筑牢南方生态安全屏障

生态环境安全是国家安全的重要组成部分，是经济社会持续健康发展的重要保障。保护生态环境就是保护生产力，改善生态环境就是发展生产力。生态环境问题既是经济问题，更是重大社会和政治问题。

（一）增强生态忧患意识，擦亮广西金字招牌

山青水绿、秀甲天下的漓江山水，碧海银滩的北海风光，神秘幽远的涠洲海岛，积淀广西先民智慧的龙胜梯田，以及植被茂盛、物种繁多的十万大山，得天独厚的自然生态优势让广西成为我国华南地区的“绿肺”和珠江流域重要水源涵养区，成为我国重要的动植物种质基因库。山水蜿蜒、跌宕起伏的八桂大地，成为我国南方重要生态安全屏障，成为面向东盟展示我国生态文明建设的重要窗口。

广西也是典型的生态系统脆弱地区，存在水土流失、石漠化、土地荒漠化等生态问题。“图之于未萌，虑之于未有。”自然是生命之母，只有守护好绿水青山，才能涌现更多更好的“金山银山”。筑牢南方生态安全屏障，是重要的国家发展战略，也是国家赋予广西的新使命。面对广西生态的脆弱性和失衡性问题，我们必须持续擦亮广西“山清水秀生态美”的金字招牌，保护好广西的山山水水，既坚定不移筑牢南方生态安全屏障，也为加快新时代壮美广西和生态文明强区建设筑牢绿色根基。

（二）坚持系统科学治理，筑牢生态安全屏障

习近平总书记多次强调“广西生态优势金不换”，多次指出山水林田湖草沙是一个生命共同体，人与自然也是生命共同体。近年来，广西始终站在人与自然和谐共生的高度谋划发展，不以牺牲环境为代价换取一时一地的发展，坚持通过系统科学治理，坚决筑牢南方生态安全屏障。

坚持科学规划与依法治理。广西始终坚持山水林田湖草沙是生命共同体理念，遵循生态系统的内在机理，强化科技对生态保护的支撑作用。在推进国土

空间生态修复与保护工作时，也注重从制度上为筑牢南方生态安全屏障提供科学保障。近年来，出台《中共广西壮族自治区委员会关于厚植生态环境优势推动绿色发展迈出新步伐的决定》和《广西壮族自治区国土空间生态修复规划（2021—2035年）》等文件，先后制定修订6部地方环境保护法规、21项地方污染物排放标准规范。广西“三线一单”（生态保护红线、环境质量底线、资源利用上线和生态环境准入清单）环境管控单元及生态环境准入清单落地生效，一体推进机构改革、垂直管理制度改革、综合执法改革，建立自治区级生态环境保护督察体系，逐步形成生态环境保护工作齐抓共管“大环保”格局。

坚持一体保护和系统治理。广西把保持山水生态的原真性和完整性作为一项重要工作，深入推进生态修复和环境污染治理，推动流域生态环境持续改善、生态系统持续优化、整体功能持续提升。近年来，广西建立自然保护地223个，有效保护了90%以上陆地生态系统类型、44%的红树林湿地、90%的国家重点保护野生动物种类、82%的国家重点保护野生植物种类。出台《广西壮族自治区生物遗传资源及其相关传统知识获取与惠益分享管理办法（试行）》《关于进一步加强生物多样性保护的实施意见》等文件，不断推动提升生物多样性保护能力和水平。建立动植物园、物种种质基因库（圃）、禽畜保种场、保存库等，收集5000多个植物种类，保存6万余份作物遗传资源，成功实施兰科植物、德保苏铁、黑颈长尾雉、大桂山鳄蜥等多项珍稀野生动植物“再引种”或野外放归工程。

知识链接

广西北海滨海湿地生物多样性日趋丰富

北海滨海国家湿地公园总面积2009.8公顷，其中湿地面积1827公顷，占总面积的90.9%，红树林面积230多公顷，湿地内分布的原生红树林植物群落在中国南部沿海具有极高的典型性和代表性，生物多样性丰富。目前有红树植物共19种（全国有37种），累计监测记录到大型底栖动物207种、鱼类31种、两栖动物6种、爬行动物12种、鸟类206种。

北海滨海国家湿地公园地处世界八大候鸟迁徙路线之一的东亚—澳大利西亚候鸟迁徙路线上，是多种易危、濒危、极危物种的重要栖息地。据监测发现，每年繁殖季或候鸟迁徙季，有2万只以上的水鸟在湿地公园范围内停歇或越冬。

2023年2月2日第27个世界湿地日，国家林业和草原局公布2022年新指定国际重要湿地名录，北海滨海国家湿地公园入选。

坚持统筹兼顾和突出问题导向。生态环境具有系统性、完整性，需要我们在保护开发利用过程中坚持统筹兼顾，突出问题导向。近年来，广西在统筹山水林田湖草海湿地系统治理和修复基础上，以重要野生生物物种资源原生地保护为重点，通过生态定位观测和保护修复生态环境，逐步扩大很多濒危野生动植物的种群数量，有效推进白头叶猴、黑叶猴、东黑冠长臂猿、穿山甲、瑶山鳄蜥、冠斑犀鸟等极度濒危野生动物的拯救保护与人工繁育工作。

加强国际合作与交流。广西实施多项生物多样性保护合作项目，其中山口和猫儿山两处自然保护区加入“人与生物圈”保护区网络，山口和北仑河口两处自然保护区被列入国际重要湿地名录。广西举办2022年“国际生物多样性日”广西主场活动、“六五环境日”广西分会场活动、中国—东盟应对气候变化与生态环境对话和中国—东盟环境合作论坛、中国—东盟国际环保展，参加联合国《生物多样性公约》第十五次缔约方大会（COP15）第二阶段会议等，进一步加强与东盟及其他国际和地区间组织的合作交流，充分展示广西山清水秀、生物多样、生态和谐的优势，在国际舞台上讲好广西生态环境保护故事。

（三）共同守护青山绿水，共享绿色发展成果

绿水青山，既是金山银山，也是人民群众的美好生活需要。广西生态环境保护和生态文明建设，就是在构建人与自然和谐共生图景的基础上，为人民群众提供更加和美的环境、更加幸福的生活。

生态环境质量持续改善。2022年广西环境空气质量保持优良，优良天数比例95%以上，在全国排第8名；广西地表水水质优良比例98.2%以上，位居全国第2名，5个市跻身全国前10名，其中柳州市连续3年蝉联全国第一。近岸海域优良水质面积比例94.5%，位居全国第2名；海洋表层沉积物质量保持“优”等级，海洋生物质量基本稳定；生态系统功能得到巩固提升，草原综合植被盖度达82.9%，森林覆盖率达到62.55%，绿色家底更加厚实。

生物多样性保护成效显著。广西是全球生物多样性热点地区之一，是白头叶猴、猫儿山林蛙等18种陆生脊椎野生动物的全球仅有分布地，生物多样性丰富度居全国第3位。广西白头叶猴保护案例成功入选“生物多样性100＋全球典型案例”，猫儿山、山口红树林等多处自然保护区被列入“国际人与生物圈”或“国际重要湿地名录”。涠洲岛附近监测到布氏鲸两个批次就有52头次，北部湾的中华白海豚超过300头，东黑冠长臂猿的物种数量由3群发展到了5群35头，濒危

知识链接

广西珍稀物种、濒危物种的特有值在全国排名第一

广西珍稀物种、濒危物种的特有值在全国排名第一；广西已知野生脊椎动物 1906 种，仅次于云南，位居全国第二；广西已知高等植物 9494 种，占全国总数的 31%，仅次于云南和四川，位居全国第三。

广西境内分布有国家重点保护野生植物物种 332 种。其中，德保苏铁、元宝山冷杉、狭叶坡垒等仅分布于广西；观光木、金丝李、金花茶等近百种植物属于珍稀或濒危植物。分布在广西的濒危植物共有 113 种，在全国排名第二。

位于百色市乐业县境内的广西雅长兰科植物国家级自然保护区，是我国唯一以兰科植物命名并以其为重点保护对象的保护区。保护区内目前已知兰科植物 160 种，世界上最大的带叶兜兰、莎叶兰、台湾香荚兰三大野生居群在保护区内保存良好。近年在保护区发现雅长山兰、雅长玉凤花、广西羊耳蒜、天贵卷瓣兰 4 个新种，为地球兰科植物家属增添新成员。

根据新调整的《国家重点保护野生动物名录》，广西有国家重点保护野生动物 263 种，占全国 27%。野生脊椎动物种数位居全国第二的广西，也是灵长类动物分布最为集中的省区之一。

白头叶猴是广西特有珍稀濒危动物，国外不仅没有白头叶猴活体，甚至连标本也没有，其研究价值不亚于国宝大熊猫。其散居的崇左市喀斯特山区，1982 年划定为自治区级自然保护区，2012 年定为国家级自然保护区。经过二十载的努力，白头叶猴种群数量已由2003年的598只增加到目前的1400多只。

海明关木通花朵

白头叶猴

2022年11月19日，富川瑶族自治县获生态环境部第六批国家生态文明建设示范区和“绿水青山就是金山银山”实践创新基地命名。图为富川长寿岛上的苍鹭

物种白头叶猴数量现已恢复到1400多只，还发现桂北琴蛙、才劳桂墨头鱼、琼楠等多个新物种。

南方生态安全屏障更加筑牢。广西持续深化生态文明示范创建，印发《广西创建生态文明建设示范区工作方案》《广西百镇千村生态特色文化旅游示范建设工作方案》，2022年新创建3个国家生态文明建设示范区和1个“绿水青山就是金山银山”实践创新基地，总数累计达到21个。全力推进督察整改工作，坚决打赢打好污染防治攻坚战“翻身仗”。

二、打好蓝天碧水净土保卫战

习近平总书记强调，环境就是民生，青山就是美丽，蓝天也是幸福。广西高度重视生态环境保护，聚焦生态环境质量持续改善，协同推进降碳、减污、扩绿、增长，突出精准科学依法治污，以更高标准持续深入打好蓝天、碧水、净土保卫战，用心呵护人们心目中的“诗和远方”，使八桂大地青山常在、清水长流、空气常新，让“山清水秀生态美”金字招牌更亮眼。

（一）产业转型绿色生产，蓝天白云成为常态

2022年末，柳州面对大气污染攻坚形势急转直下的情况，坚持细颗粒物和臭氧污染协同防控，开展挥发性有机物污染专项治理，大力推进工业领域电气化、

新能源产业发展，让“柳州蓝”再次回到人们的视野，成为广西推进环境空气质量治理的缩影。为了打赢“蓝天保卫战”，广西对大气面源、移动源污染进行治理，稳步推进钢铁、水泥等行业企业超低排放改造，实施工业锅炉和炉窑综合治理以及柴油货车、非道路移动机械污染治理，强化秸秆禁烧区域管控，加强烟花爆竹禁燃限放管控，实施噪声污染防治行动，加强城市扬尘污染综合治理，消除重污染天气。2022年广西城市环境空气质量优良天数比例保持优良并排在全国前列，八桂大地上蓝天白云成为常态。

（二）突出抓好源头治理，源清流净奔江入海

碧水保卫战是一项跨流域、系统性的大工程，必须坚持水资源、水生态、水环境系统治理。崇左市天等县通天岩，明代徐霞客赞其“西来第一，无以易比”，而通天岩下就是古榕江源头，它蜿蜒流淌汇入右江。这里曾河道沿岸乱占、乱采、乱堆、乱建现象严重，天等县开展重点源头流域水质提升工程，筑牢了左右江流域水生态屏障。近年来，广西以全流域治理为契机，加快水网建设，巩固提升水安全保障水平，实现从“突击治水”向“长效治水”转变，从“就水治水”向“系统治水”转变。落实河（湖）长制，开展入河（湖、海）排污口“查、测、溯、治”，深入推进生活、工业、农业面源等污染防治，推进城乡黑臭水体整治，建设美丽幸福河湖。如今，广西织成了一张庞大的水域治理网络，奏响了全流域共治的最强音，实现了源清流净奔江入海。

首届全国最美家乡河——宜州下枧河风光如诗如画

（三）净土复耕修复伤疤，同心共建绿色田园

土地是植物的母亲，是动物的栖息地，也是人类赖以生存的重要基础。作为“有色金属之乡”的广西，多年来在发展铝产业的同时，造成了大量地下采空区和地表破坏带，“地球伤疤”的修复成为重要课题。位于桂西资源富集区的靖西市，因地制宜开展矿区废弃土地复垦利用工作，通过采坑回填、危岩清理、场地平整等措施进行复垦，原来的铝土矿区已经成为硕果累累的黄金百香果园。以污染土壤治理修复为重点，广西近年来严格土壤污染源头防控，调整优化涉重金属产业结构和空间布局，加强重点行业污染源监管，开展重点行业企业重金属污染物减排。深入推进农用地土壤污染防治，巩固提升农用地安全利用成效。有效管控建设用地土壤污染风险，加强建设用地土壤环境联动监管，严格建设用地土壤污染风险管控和修复名录内地块的准入管理。通过一系列治理，曾经的“地球伤疤”上再次舞动绿色旋律，瓜果更香，青山更绿，老百姓也吃得更放心、住得更安心。

三、突出发展特色生态经济

绿水青山就是金山银山。近年来，广西立足良好生态，推动经济发展全面绿色转型，加快生态产业化和产业生态化步伐，打好“绿色牌”“富硒牌”“长寿牌”，把生态环境优势转化为生态农业、生态工业、生态旅游等生态经济的优势，在绿色转型中实现更大发展，在绿色发展中让老百姓得实惠。

（一）推动农业绿色化转型，发展生态循环农业

全面推行农业绿色清洁生产方式，发展生态循环农业。广西的甘蔗生产得天独厚，蔗糖产量长期位于全国前列。但传统糖料蔗的生产存在种植成本高、综合利用率低等问题。近年来，广西大力推进蔗糖产业绿色化转型，通过“数字供销”“数治甘蔗”建立新型种养关系，开启“政府＋企业＋合作社＋农户”的循环经济发展模式，不仅实现糖料蔗生产的绿色化、集约化、智能化，还为农民增收、国家生态农业绿色发展先行区建设、国家糖业安全提供坚强保障和支撑。广西还深入实施农业生产“三品一标”提升行动，引领农业绿色发展，积极开发延伸农业生态价值链，强化农产品质量安全监管，加强绿色食品、有机和地理标志农产

品认证管理，建设一批绿色农业产业园区、产业强镇、产业集群，培育区域特色品牌，带动农村一二三产业融合发展、绿色升级。

（二）发展特色林业经济，经济生态效益双赢

广西是全国重要的森林资源富集区、森林生态优势区。近年来，广西全面落实林长制，大力开展植树造林绿化美化行动，实现了“林长治”。加强林业种质资源保护利用及良种选育推广，深入实施油茶“双千”计划，推动国家储备林“双千”目标实现。优化特色经济林产品、优质木材等初级林产品供给保障，发展林下经济等绿色富民产业。建设一批百亿级林产加工绿色园区，加快木竹材加工业转型升级。广西木材产量从“十三五”时期占全国四成多提高到五成，国产木材每两根就有一根来自广西，广西已发展成为全国最大的板材产区。广西作为现代林业产业发展的示范区，让“人不负青山、青山定不负人”成为生动现实。

蒙山县多措并举，打造百里万亩生态茶廊，走出一条茶旅融合之路

（三）大力发展清洁能源，促进循环经济发展

近年来，广西践行绿色发展理念，积极推动风电、光伏等新能源项目建设，加快绿色低碳循环经济发展。持续提高可再生能源消纳和存储能力，实现清洁能源高质量发展。安全有序发展核电，重点加快沿海核电建设。鼓励电力源网荷储一体化和多能互补发展，推进陆上风电和集中式光伏发电大规模开发，加快海上风电综合开发利用。有序推进分布式风电、光伏开发，实施“千乡万村驭风行动”和“千家万户沐光行动”。因地制宜发展生物质能，加快推进页岩气商业化开发利用，探索氢能开发利用。深度挖掘水电潜力，加快发展抽水蓄能和新型储能。

合浦县风力发电机组

上林县光伏发电场

四、加快形成绿色低碳生产生活方式

生态，是广西的金字招牌；绿色，是高质量发展的底色。广西把碳达峰碳中和纳入经济社会发展和生态文明建设整体布局，加快形成绿色低碳生产生活方式，奋力走出一条具有广西特色的产业优、百姓富、生态美、人民群众幸福感高的绿色发展之路。

（一）推进碳达峰碳中和，构建低碳发展体系

广西坚持稳中求进、先立后破、通盘谋划，深度调整优化产业结构，构建清洁低碳安全高效能源体系，全面推进城乡建设和交通运输体系绿色低碳转型，持续稳固陆域生态系统碳汇和海洋蓝碳，提升生态系统碳汇增量，健全完善碳达峰碳中和政策体系，实施碳达峰十大行动，坚定不移走生态优先、绿色低碳的高质量发展道路。推进林业碳汇开发和交易，积极参与碳排放权交易市场建设。加大政府对低碳产品采购力度。严格管控重点领域二氧化碳排放，强化温室气体排放控制，提升应对气候变化能力，推动能耗双控向碳排放总量和强度双控转变。

知识链接

广西推进碳达峰、碳中和工作主要目标

——到2025年，初步形成绿色低碳循环发展的经济体系。

——到 2030 年，经济社会发展全面绿色转型取得明显成效，与全国同步实现碳达峰。

——到 2060 年，能源利用效率达到国际先进水平，碳中和目标顺利实现。

（二）节能增效科学发展，绿色生产转型升级

广西在推动绿色发展的过程中，坚持节能优先战略，严格控制能耗强度，合理控制能源消费总量，坚决遏制高耗能高排放项目盲目发展。严格能效约束，强化重点用能单位节能管理及能源计量监督。水泥工业是广西的支柱产业、优势产业，同时也是典型的能源资源消耗工业。随着"十四五"污染防治攻坚战深入推进，水泥行业的节能降耗、减污降碳成为清洁生产、绿色发展工作的关键点。广西大力发展循环经济，推动园区循环化改造，建立健全废旧物资循环利用体系。柳州市污水处理厂的污泥经过鱼峰集团水泥厂内的污泥处置中心高温煅烧处理，蜕变升级为水泥熟料，创造经济效益达1700万元，成为循环经济发展的典范。广西还推动传统产业生态化转型升级，大力发展生态产业，壮大绿色产业集群，打造新能源汽车全产业链。深入实施绿色制造工程，推进新型生态铝产业高质量发展，建设一批汽车发动机再制造项目，构建绿色低碳循环产业链。促进现代服务业与先进制造业深度融合，打造一批绿色园区、绿色工厂、绿色产品。

（三）绿色交通更加通畅，智慧交通更加便捷

发展绿色智慧交通，是激发发展活力、增加发展动能的重要举措。广西推进"一湾一江一运河"和大能力铁路运输通道建设，统筹重大交通基础设施和生态环境建设。如柳江红花枢纽至石龙三江口 II 级航道工程生态智慧航道科技示范项目，通过航运要素监测与高新技术深度融合，构建了一条绿色、智慧、畅通、安全的现代化内河水运通道。以项目示范为引领，广西组织实施绿色公路、绿色航道、绿色港口、绿色铁路、绿色机场、绿色枢纽试点建设。支持多式联运示范创建，提升"公转铁""公转水""海铁联运"比例。实施绿色交通与智慧交通融合发展工程，健全城乡绿色配送体系，发展绿色智慧高效物流，加快旅客联程联运，深化交旅融合发展。加大新能源和清洁能源运输车船装备推广应用，加快充（换）电、加气（LNG）、岸电等配套设施建设，推进船舶、港口和车辆等污染排放综合治理。

（四）绿色低碳健康生活，美好家园共建共享

绿色发展和每个人的生活息息相关，需要每个人参与其中。广西大力弘扬中华民族植绿爱绿、关爱自然的传统美德，倡导简约适度、绿色低碳、文明健康的

知识链接

公民生态环境行为规范十条

★ 关爱生态环境。及时了解生态环境政策法规和信息，学习掌握环境污染治理、生物多样性保护、应对气候变化等方面科学知识和技能，提升自身生态文明素养，牢固树立生态价值观。

★ 节约能源资源。拒绝奢侈浪费，践行光盘行动，节约用水用电用气，选用高能效家电、节水型器具，一水多用，合理设定空调温度，及时关闭电器电源，多走楼梯少乘电梯，纸张双面利用。

★ 践行绿色消费。理性消费、合理消费，优先选择绿色低碳产品，少购买使用一次性用品，外出自带购物袋、水杯等，闲置物品改造利用或交流捐赠。

★ 选择低碳出行。优先步行、骑行或公共交通出行，多使用共享交通工具，家庭用车优先选择新能源汽车或节能型汽车。

★ 分类投放垃圾。学习并掌握垃圾分类和回收利用知识，减少垃圾产生，按标识单独投放有害垃圾，分类投放其他垃圾，不乱扔、乱放。

★ 减少污染产生。不露天焚烧垃圾，少烧散煤，多用清洁能源，少用化学洗涤剂，不随意倾倒污水，合理使用化肥农药，不用超薄农膜，避免噪声扰邻。

★ 呵护自然生态。尊重自然、顺应自然、保护自然，像保护眼睛一样保护生态环境，积极参与义务植树，不购买、不使用珍稀野生动植物制品，拒食珍稀野生动植物，不随意引入、丢弃或放生外来物种。

★ 参加环保实践。积极传播生态文明理念，争做生态环境志愿者，从身边做起，从日常做起，影响带动其他人参加生态环境保护实践。

★ 参与环境监督。遵守生态环境法律法规，履行生态环境保护义务，积极参与和监督生态环境保护工作，劝阻、制止或曝光、举报污染环境、破坏生态和浪费粮食的行为。

★ 共建美丽中国。坚持简约适度、绿色低碳、文明健康的生活与工作方式，自觉做生态文明理念的模范践行者，共建人与自然和谐共生的美丽家园。

生活方式。引导鼓励绿色出行，打造多层次多样化公共交通体系。加快推进生活垃圾分类，提高减量化、资源化、无害化水平，持续推进塑料污染治理。积极引导绿色产品消费，大力推进绿色、低碳产品认证，加强能效、水效标识产品监督。实施节水节电和节约粮食行动，杜绝餐饮浪费，广泛开展节约型机关、绿色校园、绿色社区、绿色商场等示范创建，把建设美丽广西转化为全体人民自觉行动。

立足新时代，构建人与自然和谐共生的现代化，既需要当代人的不懈奋斗，也需要积极加强生态文明教育，以培养更多的后来者持续努力，不断推动生态文明建设迈向新台阶。新时代大学生要把生态文明意识培养与个人的立德修身相统一，把生态文明素养与健全人格的培养相融合，让生态文明意识成为自己的思想自觉和行为自觉。

五、健全完善生态治理体制机制

八桂山水风光好，满眼青绿尽妖娆。守着这样得天独厚的自然资源，广西人一直在思考如何把“绿水青山”的“高颜值”转化升级为“金山银山”的“高价值”。不断完善生态治理机制，探索生态产品价值实现机制，成为广西推进绿色发展的重要工作。近年来，广西坚持系统观念，深化改革创新，有效解决生态产品“难度量、难抵押、难交易、难变现”等问题，深挖生态产品价值，生态优先、绿色发展之路越走越宽敞。

（一）夯实价值实现基础，健全产品开发机制

广西开展生态产品基础信息调查，形成生态产品目录清单，建立生态产品动态监测制度。构建行政区域单元生态产品总值和特定地域单元生态产品价值评价体系，探索具有广西特色的跨行政区域单元或重要生态功能地域单元的生态产品价值核算方法，加快完善政府主导、企业和社会各界参与、市场化运作、可持续的生态产品价值实现路径。2022年，宾阳县农村环境治理与产业融合发展项目、桂林经开区罗汉果小镇生态环境治理与产业发展项目入选第二批国家级 EOD（ecological office district，绿色生态办公区）模式试点项目，有效整合生

> 党的十八大以来，我们坚持绿水青山就是金山银山的理念，全面加强生态文明建设，推进国土绿化，改善城乡人居环境，美丽中国正在不断变为现实。同时，我们也要看到，生态系统保护和修复、生态环境根本改善不可能一蹴而就，仍然需要付出长期艰苦努力，必须锲而不舍、驰而不息。
>
> ——习近平总书记2022年3月30日在参加首都义务植树活动时的重要讲话

态网络、环境修复、区域综合开发以及产业链，实现生态、经济、社会协调发展。广西还创新“生态 + ”发展模式，开展生态旅游、康养休闲等生态产业化经营。打造特色鲜明的生态产品区域公用品牌，加强品牌培育和保护，提升生态产品溢价。

（二）健全完善各项机制，协同推进绿色发展

落实生态保护补偿机制。广西增加重点生态功能区转移支付规模，在重点生态功能区转移支付中，参考生态保护红线、自然保护地面积占比等要素实施差异化补偿。继续实施粤桂九洲江流域上下游横向生态保护补偿，推动建立湘桂长江支流流域和西江流域跨省区生态保护补偿机制，深入实施漓江等区内流域上下游横向生态保护补偿。

不断完善市场交易机制。广西推进自然资源资产交易平台和市场服务体系建设。逐步建立完善统一的自然资源市场交易规则，完善自然资源社会信用体系建设。推进排污权、用能权、用水权、碳排放市场化交易，建立健全风险管控机制。积极参加全国碳排放权交易市场建设，推动建设林业碳汇开发和交易试点省（区），探索服务开展面向东盟国家的碳排放权交易。

探索绿色金融发展机制。以创建绿色金融改革创新试点为引领，优化绿色金融产品服务、标准规范和激励举措。鼓励金融机构充分运用碳减排支持工具和煤

广西加快推进美丽幸福河湖建设和乡村水环境治理。图为南宁市西乡塘区石埠街道忠良屯综合示范村月亮湖

炭清洁高效利用专项再贷款，建立碳排放重点领域白名单，推动绿色信贷增长。发展绿色保险，拓宽绿色直接融资渠道，扩大绿色债券、绿色基金等规模。

健全执法监管长效机制。广西从立法、执法、司法、守法各环节发力，全面提高依法保护、依法治理生态环境水平。对各类环境违法违规行为"零容忍"，严厉惩处破坏生态、污染环境等违法违规行为。强化对违规采砂采石、滥采乱挖山体等行为的专项督察。坚持"四不两直"工作法，加强"双随机、一公开"监管，完善多领域环保信用监管机制，健全行政执法与刑事司法的衔接机制，加强基层执法队伍、环境应急处置救援队伍建设。抓好中央及自治区生态环境保护督察发现问题整改，常态化开展生态环境保护督察执法。

六、加快打造桂林世界级旅游城市

2022年习近平总书记在参加党的二十大广西代表团讨论时指出，"'桂林山水甲天下'，一句话就给桂林定位了"，"保护好桂林山水就是对国家对民族最大的贡献，这就是你们的'国之大者'"。桂林独具特色的山水生态，具有无穷的魅力和强大的吸引力。近年来，广西坚持世界眼光、国际标准、中国风范、广西特色、桂林经典，加快推动桂林世界级旅游城市建设，积极创造宜业、宜居、宜乐、宜游的良好环境，整体盘活八桂大地上的绿色生态资源。

（一）呵护甲天下美景，做好绿色生态文章

筑牢山水旅游名城根基。甲天下的山水是桂林的金字招牌，也是桂林打造世界级旅游城市最宝贵的自然禀赋。桂林牢记习近平总书记的嘱托，坚持把漓江生态保护放在第一位，充分保护好山水生态的原真性和完整性，呵护好甲天下的桂林山水，筑牢世界级山水旅游名城根基。桂林统筹推进全流域保护漓江、全覆盖治理漓江、全方位提升漓江，实施山水林田湖草沙生态一体化保护和修复工程，建立完善漓江流域自然保护地体系。桂林把每年4月25日定为"漓江保护日"，率先在全国建立市县乡村公安机关生态环境保护机构，完善市县乡村四级生态环境保护监管和执法体系。通过综合治理，如今漓江流域森林覆盖率已超过80%，漓江水质常年保持Ⅱ类以上，桂林地表水环境质量居全国前列。

释放绿水青山生态价值。桂林在厚植生态底色过程中，大力推进产业振兴、乡村振兴。不断强化"绿水青山就是金山银山"理念，做好山水文章，持续推动

桂林漓江兴坪段美景

桂林旅游从传统产业发展模式向全域旅游升级、从观光游览地向休闲度假地升级、从旅游产业基本要素发展向“旅游+”深度融合升级，融创文化旅游城、桂林千古情、三千漓等一大批高端文旅项目相继落户，休闲度假、文化演艺、特色民宿、医养康养、体育健身等新业态蓬勃发展。优化产业布局，通过园区生态化改造、企业绿色化生产、淘汰落后产能，构建高端绿色现代产业体系，推动电子信息、先进装备制造、生态食品、生物医药四大主导产业和高新技术产业量质齐升，加快推进田园综合体和美丽乡村建设，形成“三大产业园区、四大工业重点县、五个生态功能区县”的产业新格局。

（二）推进城市提质更新，打造世界级文化旅游之都

加快建设世界级山水旅游名城。多年来，桂林依托丰富的山水资源，推进景观资源可持续利用，提升以漓江为代表的旅游产品品质，持续开发绿色高端山水旅游产品，打造一批城市景观小品，提升城在景中、景在城中、城景交融的城市文化品位，形成“一砖一瓦都入景、一街一道均成文”的城市景观格局。桂林还将进一步提升桂林山水旅游品质，加强中国南方喀斯特世界自然遗产二期（广西桂林）保护，加快建设漓江世界级旅游景区、遇龙河世界级旅游度假区，打造漓东百里山水画廊休闲观光示范带，发挥世界级山水城市生态优势，构建城旅一体

的大公园、大景区体系，扩大桂林山水国际影响力。

加快提升世界级文化旅游之都内涵。桂林坚持“以文塑旅、以旅彰文”，推出一批承载城市记忆、传承文化传统的文化旅游产品：被誉为“中国第一个伟大戏剧建筑”的广西省立艺术馆修缮一新，灵渠成功获评广西首个世界灌溉工程遗产，龙脊梯田列入全球重要农业文化遗产，靖江王府及王陵获批国家考古遗址公园，桂林甑皮岩入选全国“百年百大考古发现”。桂林还将用好用活红色资源，加快长征国家文化公园广西段建设，打造全国红色旅游重要目的地。大力挖掘名人文化、民俗文化、非遗文化等资源，开发“桂林山水歌”世界级文化旅游演艺项目等重点文化建设项目，着力推进古宋城历史文化街区、秀峰区荷韵生态体育公园等重大文旅项目建设，加快建设桂林抗战文化名人博物馆、桂林考古博物馆，主办桂林艺术节，进一步丰富桂林“世界级文化旅游之都”的内涵。

加快推进世界级康养休闲胜地建设。桂林依托得天独厚的山水风光、田园生态、历史文化、民俗风情等优势，全力推动“康养＋”旅游、文化、中医药、体育等产业深度融合发展，让世界共享桂林的山水风光和生态健康。恭城瑶汉养寿城、信和信大中华养生谷、会仙湿地度假小镇、天湖国际高山生态旅游度假区、荔浦天誉养生谷等一批健康旅游项目落地实施。桂林还成功举办环广西公路自行车世界巡回赛（桂林段）、桂林马拉松、阳朔国际山地越野赛、资源漂流世界杯等一系列重大赛事，打造“体育＋旅游”国际化品牌。未来，桂林将大力培育康养度假、运动休闲等大健康和文旅新业态，建设一批旅居小镇、康养中心，创建一

2022年12月20日，广西首个联合国世界旅游组织“最佳旅游乡村”落户龙胜大寨村

批体育休闲旅游融合示范基地和山水康养度假旅游目的地，不断丰富健康旅游产品供给，走出一条桂林康养休闲旅游的品牌之路。

加快打造世界级旅游消费中心。桂林成功打造东西巷、华润万象城、融创旅游度假区、七星万达、叠彩万达、临桂万达和吾悦广场、阳朔益田西街等一大批城市商圈和旅游消费集聚区，初步形成尊神庙“夜市”、中心广场“夜购”、两江四湖“夜游”、王城“夜娱”、桃花湾旅游休闲绿道“夜跑”等“夜经济”品牌。桂林还全力布局建设具有国际影响力、文化特色鲜明的高品位旅游休闲街区和大型消费商圈，拓展跨境旅游消费，推动免税购物店落户桂林，建设跨境电商消费体验中心、进出口商品直销集散中心，持续增强桂林世界级旅游城市的吸引力、影响力和竞争力。

思考题

1. 广西是我国南方重要生态屏障，承担着维护生态安全的重大职责。结合本章学习，谈谈自己对广西“在推动绿色发展上实现更大进展”的理解。

2. 绿水青山就是金山银山。广西如何把“绿水青山”的“高颜值”转化升级为“金山银山”的“高价值”？

3. 推动生活方式绿色化人人有责。作为当代大学生，你打算如何倡导简约适度、绿色低碳、文明健康的生活方式？

Chapter 5

第五章

在维护国家安全上作出更大贡献

党的二十大报告强调，国家安全是民族复兴的根基，社会稳定是国家强盛的前提。广西地处祖国西南，是我国少数民族人口最多的自治区，自古以来就是守边戍边的前哨和屏障。民族团结、边疆巩固同国家安全紧密相关，习近平总书记在参加党的二十大广西代表团讨论时，强调广西要在维护国家安全上作出更大贡献。近年来，广西以铸牢中华民族共同体意识为主线，不断加强和创新社会治理，持续开展平安建设活动，扎实做好意识形态工作，持续开展固边兴边富民行动，推进边疆稳定平安家园建设，坚决守好祖国的“南大门”。

一、铸牢中华民族共同体意识

中华民族共同体意识是国家统一之基、民族团结之本、精神力量之魂。2021年8月习近平总书记在中央民族工作会议上强调，必须以铸牢中华民族共同体意识为新时代党的民族工作的主线，推动各民族坚定对伟大祖国、中华民族、中华文化、中国共产党、中国特色社会主义的高度认同，不断推进中华民族共同体建设。

（一）铸牢中华民族共同体意识意义重大

中华民族共同体意识反映了中华民族共同的道德准则、精神面貌和理想追求。铸牢中华民族共同体意识，就是在把握中国几千年历史演进客观规律的前提下，以各族群众为主体，以加强各民族交往交流交融为根本途径，促进各民族像石榴籽一样紧紧抱在一起。党的二十大报告提出，以铸牢中华民族共同体意识为主线，坚定不移走中国特色解决民族问题的正确道路，坚持和完善民族区域自治制度，加强和改进党的民族工作，全面推进民族团结进步事业。我国是统一的多民族国家，民族工作关乎大局。铸牢中华民族共同体意识以其突出的理论创新性与实践指导性，被确立为新时代党的民族工作的主线，凸显了新时代党的民族工作的任务和使命，对于维护祖国统一和各民族根本利益、实现中华民族伟大复兴、巩固和发展平等团结互助和谐社会主义民族关系、开创党的民族工作新局面都具有重要意义。

维护祖国统一和各民族根本利益的必然要求。只有铸牢中华民族共同体意识，构建起维护国家统一和民族团结的坚固思想长城，各民族共同维护好国家安

必须坚持正确的中华民族历史观。我国是统一的多民族国家，中华民族多元一体是我国的一个显著特征。我国辽阔疆域是各民族共同开拓的，悠久历史是各民族共同书写的，灿烂文化是各民族共同创造的，伟大民族精神是各民族共同培育的。要准确认识中华文明起源和历史脉络，准确认识中华民族和中华文明的多元一体，准确认识中华文明取得的灿烂成就和对人类文明的重大贡献，增强对中华民族的认同感和自豪感。

——习近平总书记2021年8月27日至28日在中央民族工作会议上的重要讲话

2022年，瑶族油茶习俗作为“中国传统制茶技艺及其相关习俗”的组成部分，随项目入选联合国教科文组织人类非物质文化遗产代表作名录

全和社会稳定，才能有效抵御各种极端、分裂思想的渗透颠覆，才能不断实现各族人民对美好生活的向往，才能实现好、维护好、发展好各民族的根本利益。

实现中华民族伟大复兴的必然要求。只有铸牢中华民族共同体意识，才能有效应对实现中华民族伟大复兴过程中民族领域可能发生的风险挑战，才能为党和国家兴旺发达、长治久安提供重要思想保证。

巩固和发展平等团结互助和谐社会主义民族关系的必然要求。只有铸牢中华民族共同体意识，才能增进各民族对中华民族的自觉认同，夯实我国民族关系发展的思想基础，推动中华民族成为认同度更高、凝聚力更强的命运共同体。

开创党的民族工作新局面的必然要求。只有顺应时代变化，按照增进共同性的方向改进民族工作，做到共同性和差异性的辩证统一、民族因素和区域因素的有机结合，才能把新时代党的民族工作做好做细做扎实。

（二）建设新时代壮美广西必须铸牢中华民族共同体意识

中央有要求。2021年4月习近平总书记视察广西期间，称赞广西是民族团结、民族交融最成功的地方，是全国民族团结进步示范区，勉励广西继续发挥好示范带动作用，像爱护眼睛一样爱护民族团结，像珍视自己生命一样珍视民族团结，铸牢中华民族共同体意识。党中央、国务院印发的《关于以铸牢中华民族共同体意识为主线推进新时代党的民族工作高质量发展的意见》提出，在试点基础上开展铸牢中华民族共同体意识示范创建工作。广西在全国率先提出建设铸牢中华民族共同体意识示范区，是贯彻落实习近平总书记重要讲话精神和党中央大政方针的具体行动，也是推动新时代广西民族工作高质量发展的应有之义，是一项具有重要政治意义的战略工程和重大使命。

知识链接

围绕“八共”目标，厚植民族团结融合厚土

2022 年初冬时节，从大瑶山、大苗山到千年侗寨，各族群众载歌载舞，处处洋溢着喜庆气氛。金秀瑶族自治县、融水苗族自治县、三江侗族自治县共同迎来成立 70 周年的重要时刻。

作为我国少数民族人口最多的省区，多年来特别是党的十八大以来，广西以铸牢中华民族共同体意识为主线，厚植民族团结融合的厚土，围绕共居、共富、共学、共建、共享、共事、共乐、共维“八共”目标，在全国率先制定实施新时代民族关系促进指导守则，打造中华民族共有精神家园、共同富裕幸福家园、守望相助和谐家园、边疆稳定平安家园，持续推动各民族亲如一家、携手奋进的融合进程，铸就了全国民族团结进步示范区。

三江侗族自治县成立70周年系列文旅活动中，2000 多人欢奏笙歌，尽展侗乡非遗多彩魅力

广西有优势。广西是我国少数民族人口最多的自治区，有壮、汉、瑶、苗、侗、仫佬、毛南、回、京、彝、水、仡佬等12个世居民族和44个其他民族，少数民族人口数量约占全区常住人口的37.6%，各民族长期以来亲如一家，民族关系十分融洽。特别是党的十八大以来，广西民族团结进步事业取得历史性成就、发生历史性变革，各族人民与全国人民一道同步迈进小康社会，各民族优秀传统文化得到创造性转换、创新性发展，具有广西特色、壮乡风格、时代特征和开放包容的和谐文化大放异彩，“中华民族共同体意识”成为引领各族人民建设新时代壮美广西的强大动力，“三个离不开”“五个认同”深深扎根于各族干部群众心中，“十口之家、情融五族”，谱写出民族团结赞歌，民族团结的微观基因更强壮，社会稳定的基石更牢固，这是广西建设铸牢中华民族共同体意识示范区的坚实基础。

人民有期盼。在习近平总书记的亲切关怀和党的民族政策光辉照耀下，广西各族干部群众模范贯彻民族区域自治制度，海防边关一起守、美好生活一起创、五彩文化一起赏、绿水青山一起养，历史性地解决了绝对贫困问题，与全国同步全面建成小康社会，推动八桂大地发生翻天覆地的变化。但也要看到，广西经济

社会发展还存在着不少短板弱项，在少数民族聚居地区尤为突出。正如习近平总书记在中央民族工作会议上指出的，民族地区高质量发展仍然面临许多制约，满足人民日益增长的美好生活需要任务仍然非常艰巨。全区各族群众不但希望把民族团结进步的势头保持好、巩固好，而且热切期盼共同发展、共同富裕，过上更加幸福美好的生活。广西提出建设铸牢中华民族共同体意识示范区，就是对全区5700多万各族人民殷殷期盼和共同心愿的回应。归根到底，就是坚持以人民为中心，为了实现广西各族人民对美好生活的向往。这是自治区党委提出建设铸牢中华民族共同体意识示范区重大决策的本质追求。

边疆有基础。2019年以来，广西边境地区3市8县（市、区）实施“边境地区民族团结进步模范长廊”建设，打造100个民族团结进步示范点，成功创建100个全国、自治区民族团结进步示范区示范单位。边境地区各市县以升国旗、唱国歌，讲故事、学历史，听党话、感党恩，守边关、促发展等形式，深入推进边疆地区铸牢中华民族共同体意识教育，培育和践行社会主义核心价值观，不断教育引导各族干部群众和广大青少年学生，牢固树立正确的中华民族历史观，增强对中华民族的认同感和自豪感，营造了边境地区“中华民族一家亲、同心共筑中国梦”的浓厚氛围，自觉抵制外来不良文化的影响，筑牢边疆地区文化安全屏障。

（三）深刻把握建设铸牢中华民族共同体意识示范区内涵

树立“四个与共”共同体理念，坚定“五个认同”，推动中华民族共同体建设，是建设铸牢中华民族共同体意识示范区的重点。我国是统一的多民族国家，在几千年漫漫历史长河中发展出多元一体的中华民族，逐步形成“六合同风，九州共贯”“天下大同”等理念，把大一统看作是“天地之常经，古今之通义”，各民族交往交流交融从未间断。从广西来看，各民族长期以来在八桂大地上繁衍生息、交融汇聚，成为中华民族大家庭的一部分，共同创造了灿烂悠久的历史文化，形成了稻作文化、花山岩画、“壮族三月三”、“刘三姐”等优秀民族文化，成为人心凝聚、团结奋进的强大精神纽带。这些都说明，中华民族共同体是中华民族历史发展的必然结果。我们只有在现有基础上进一步铸牢中华民族共同体意识，才能更好引导全区各族群众树立正确的国家观、历史观、民族观、文化观、宗教观，增强国家意识、公民意识、法治意识，进一步坚定“五个认同”，不断增强对中华民族的认同感和自豪感，在中华民族大家庭中像石榴籽一样紧紧抱在一起，共同推动中华民族成为认同度更高、凝聚力更强的命运共同体。

知识链接

“刘三姐”：多民族共享的中华文化符号

习近平总书记 2021 年 6 月在给“刘三姐”扮演者、老艺术家黄婉秋的回信中勉励道：“深入生活，扎根人民，把各民族共同创造的中华文化传承好、发展好，是新时代文艺工作者的光荣使命。”

“刘三姐”是岭南地区各族人民的集体记忆和文化意象，是伴随歌圩文化源远流长的非物质文化遗产，是多民族共创共享共传的中华优秀传统文化。“刘三姐”文化可以追溯到上古时期的上巳节，从岭南地区民族文化演进成中华文化符号，是壮族和汉族文化互相借鉴融合的结果。如今“刘三姐歌谣”已经成为汉、壮、瑶、苗、畲、侗、仡佬、毛南、布依、彝、水等多民族共享共传的国家级非物质文化遗产。“刘三姐”文化为其他多民族共享文化、增进铸牢中华民族共同体意识的实践提供了广西样本，丰富了铸牢中华民族共同体意识、加强中华民族共同体建设的经验。

力争各方面走在前列是建设铸牢中华民族共同体意识示范区的目标。加快建设铸牢中华民族共同体意识示范区，就是要在促进民族团结进步、铸牢中华民族共同体意识方面走在前列、作出示范。广西各民族自古以来就有“同顶一片天、同耕一垌田、同饮一江水、同建一家园”的优良传统，民族关系十分融洽，要总结好、运用好、发扬好民族团结进步工作的成功经验，努力在全国各省区市中发挥示范带动作用。但也要看到，铸牢中华民族共同体意识涉及方方面面，示范区建设不能光是民族团结搞得好，还应当在推动高质量发展、深化对外开放合作、加快绿色发展、推进共同富裕、发扬传承民族文化、维护边疆安全稳定等各个方面都力争走在民族地区前列。广西要把推进示范区建设，与贯彻落实习近平总书记对广西“五个更大”重要要求紧密结合起来，在共建铸牢中华民族共同体意识研究体系、共构铸牢中华民族共同体意识大宣教格局、共筑中华民族共有精神家园、共推各民族共同实现现代化、共促各民族交往交流交融、共推民族事务治理现代化、共防民族领域风险隐患等方面下功夫、求实效，在推动边疆民族地区高质量发展中更好地发挥示范带动作用。

（四）广西切实肩负起建设铸牢中华民族共同体意识示范区重大使命

全面推进中华民族共有精神家园建设。广西要大力弘扬中华民族伟大精神，增强中华文化认同，创新建设超1000个民族“同心文化载体”。坚定不移推广普及国家通用语言文字，目前全区普通话普及率达85.68%，超过全国普通话普及

大学生利用暑期“三下乡”社会实践活动，在灵川开展广西方言调查

率近5个百分点，位居西部地区首位。深入培育和践行社会主义核心价值观，大力培育和推介具有中华民族伟大精神的形象、先进典型和优秀作品，讲好铸牢中华民族共同体意识的广西故事。深入实施民族团结进步创建“十百千”工程，推进民族团结进步创建提质扩面。大力传承发展各民族优秀文化，传承保护铜鼓、壮锦、风雨桥、干栏建筑、兴安灵渠、花山岩画等民族文化瑰宝，持续打造“壮族三月三”“刘三姐”等民族特色文化品牌，以多元化方式弘扬好各民族优秀文化，持续提升民族文化影响力、凝聚力、软实力。

加强对铸牢中华民族共同体意识的研究阐释。广西聚焦“四个家园”建设加强理论研究，建设好广西首批10家“铸牢中华民族共同体意识研究基地”，发挥好全国首家铸牢中华民族共同体意识教育传播中心作用，为广西建设铸牢中华民族共同体意识示范区提供有力思想舆论支持。加快构建铸牢中华民族共同体意识大宣教工作格局，将铸牢中华民族共同体意识纳入国民教育、社会教育、党员教育，充分利用每年举行的“民族团结进步宣传月”和自治区、自治县、民族乡逢十周年庆典等重大活动，大力宣传党和国家的民族政策，在全社会唱响“中华民族一家亲，同心共筑中国梦”的主旋律。

大力促进经济发展，推动各民族共同走向社会主义现代化。广西要用好国家支持民族地区发展政策，加快少数民族聚居区发展，完善差别化区域支持政策，加大对少数民族聚居区基础设施建设、产业结构调整支持力度。持续巩固提升脱贫攻坚和全面建成小康社会成果，2022年实现县县通高速，所有行政村通广电光纤，2023年实现市市通高铁；学前教育毛入园率、九年义务教育巩固率和基本医保参保率均高于全国平均水平；全区376.5万少数民族贫困人口如期实现脱贫奔小康，2022年少数民族聚居区脱贫人口人均纯收入达14920元、同比增长12.6%，高于全国平均水平。14个脱贫自治县（含享受自治县待遇县）全部纳入乡村振兴重点帮扶县范围，加快补齐民族地区公共服务短板，加大对乡村振兴重点帮扶县支持力度，加快特色产业发展，稳步推进各族人民共同富裕。

积极发展社会事业，持续保障和改善民生。广西持续推进基本公共服务均等化，不断增强各族群众获得感、幸福感、安全感。完善就业创业扶持政策，促进大学生就业创业。加快发展教育事业，提高教育质量和水平。加强医疗卫生服务体系建设，完善公共卫生服务网络。扎实做好城市民族工作，深化互嵌式社会结构和社区环境建设，推动各民族交往交流交融向广度深度拓展。

提升民族事务治理体系和治理能力现代化，防范民族领域重大风险隐患。广西坚决贯彻执行民族区域自治制度，制定实施4项自治区、6项设区市地方性民族法规、12项自治县自治条例和23项单行条例，出台67件涉及民族事务的政府规章和规范性文件，囊括民族民间传统文化保护、民族教育、壮瑶医药管理、少数民族语言文字、少数民族传统体育等诸多领域。坚持依法治理民族事务，建立健全各族群众诉求表达、权益保障等机制，有效保障各族群众权益。时刻绷紧维护民族团结这根弦，着力排查整治民族领域风险隐患，绝不容许任何人任何势力干扰破坏民族团结和边疆安宁，多年来全区未发生影响民族团结的群体性事件。

二、建设更高水平的平安广西法治广西

稳定乃国家之大，平安系百姓之福。广西地处祖国西南，社会不稳定因素容易被境外敌对势力利用、操纵，给渗透颠覆破坏活动带来可乘之机，严重危害国家安全和经济社会发展。建设更高水平的平安广西和法治广西，是深入贯彻总体国家安全观、坚决守住守好祖国“南大门”的基本要求。

（一）直面时代风险挑战，提升防范化解能力

随着国内外形势不断发展变化，平安广西和法治广西建设面临不少风险挑战。

从政治安全风险来看，广西是敌对势力渗透破坏活动的重点地区，敌对势力炮制政治谣言、放大社会矛盾、炒作社会热点，不法分子利用广西特殊地理环境潜入潜出的风险隐患依然存在。

从社会稳定风险来看，跨省跨市跨县“三大纠纷”重点案件时有发生，涉众型经济犯罪潜在风险大，个人极端案事件时有发生。

从公共安全风险来看，网络电信诈骗案件呈上升趋势，网络直播等带来的公

共安全风险增多、防范处置难度增大，大型综合体建筑、地下空间和城中村、棚户区火灾隐患多。

从网络安全风险来看，互联网已成为意识形态斗争的主战场，西方敌对势力利用网上话语权炒作社会个案，电子扫码、人脸识别、网络交易等新技术普及应用使数据安全风险日益突出。

这些都对我们应对复杂情况、驾驭复杂局面、防范化解风险提出新的更高要求。只有全面提升平安广西和法治广西建设科学化、社会化、智能化水平，坚持以新安全格局保障新发展格局，才能不断增强人民群众获得感、幸福感、安全感。

（二）坚持共建共治共享，答好平安广西建设“新卷”

党的十八大以来，平安广西和法治广西建设步伐不断加快，维护公共安全效能持续增强，人民群众安全感大幅提高，有效确保社会大局和谐稳定、边疆巩固安宁。全区人民群众安全感从2016年的89.64%提升至2022年的98.44%，政法队伍执法满意度达93.21%，常态化扫黑除恶工作成效满意度达96.36%。

平安建设供给更加全面。广西常态化推进扫黑除恶，开展“神剑”“亮剑”系列专项行动打击违法犯罪，实质性化解矛盾纠纷。推进公共安全隐患排查整治常态化，织密安全生产防护网，推动公共安全治理模式向事前预防转型，有效防范遏制重特大安全事故发生，2022年全区安全事故起数、死亡人数、受伤人数同比分别下降59.54%、49.61%和71.14%。建立健全事故灾害应急处置体系，抓好自治区、市、县、乡四级应急指挥中心（平台）建设，加快推进信息报送“一张网”、指挥调度“一键通”、应急救援“一张图”，扎实推进边境地区军民一体化能力建设试点，深入实施基础设施建设、产业发展、军事后勤保障、经济动员等领域军民融合，有力服务保障强军兴军、强边固防和经济社会发展。

社会治理根基更加夯实。广西深入开展大范围、多层面的基层平安创建活动，19个市、县（市、区）被评为全国平安建设优秀市、先进县，1个设区市、1个县级市被授予全国“长安杯”（全国社会治安综合治理优秀地市奖）。不断加强网格化管理的精度，建成四级综治中心1.77万个，科学划分网格14.98万个，配备网格员19.22万人。不断加快智能化建设的进度，建成市、县、乡、村“三网合一”工程1386个，实现“全域覆盖、全网共享、全时可用、全程可控”建设目标。

法治引领和保障作用不断增强。坚持法治广西、法治政府、法治社会一体建设，审议通过自治区本级地方性法规和政府规章近200件，出台超120部富有本

恭城瑶族自治县利用民间节庆和国家各种法定宣传日，走进农村、社区、学校等地方为群众开展各种普法宣传

地特色的地方性法规，整合减少市县各领域执法机构1200多个，取消、下放和调整行政审批事项2000多项，对中央指定地方实施的行政许可事项平均承接率排名全国第一。在全国率先实行三级政府集中办理行政复议案件，完善执法司法制约监督制度156项，司法办案质效明显提升。成功打造“法治三月三”民族普法品牌，建成公共法律服务中心1.8万个，一村一法律顾问实现全覆盖，全民法治意识普遍增强。

（三）完善社会治理体系，建设更高水平的法治广西、平安广西

不断提升社会治理效能。广西继续坚持和发展新时代“枫桥经验”，深入践行“浦江经验”，推进市域社会治理现代化试点，创建全国社会治安防控体系建设示范城市，积极推进“党建+网格+大数据”治理模式，健全城乡社区治理和服务体系。常态化推进扫黑除恶斗争，深入开展“亮剑”系列专项行动，严厉打击具有边境特点和人民群众反映强烈的突出违法犯罪，依法维护边境安全和人民生命财产安全。

持续优化依法治理环境。广西将坚持立法先行，不断提高立法的质量和效率，以良法保障善治、促进发展。持续深化行政执法体制改革，不断提升执法公信力。围绕解决影响司法公正、制约司法能力的深层次问题，深入推进司法责任制综合配套改革，提高司法办案质量、效率和公信力。深入落实“谁执法谁普法”普法责任制，深入开展以案释法和进校进村普法等工作，培育全社会办事依法、遇事找法、解决问题用法、化解矛盾靠法的法治环境。

全力支持国防和军队现代化建设。广西将聚焦建军一百年奋斗目标，落实党管武装根本原则，助力驻桂部队现代化建设和练兵备战。深化全民国防教育，推动军民融合深度发展，做好新时代双拥工作。加强国防动员和后备力量建设，稳妥推进深化国防动员体制改革。加强军人军属荣誉激励和权益保障，做好退役军人服务保

障工作。加强边疆治理，完善党政军警民“五位一体”联合管边控边机制，建设智慧边海防，提升边海防管控能力，严厉打击敌对势力渗透、破坏、颠覆、分裂活动，以及走私等跨境违法犯罪，维护边海防安全稳定。

三、扎实做好意识形态工作

意识形态工作是党的一项极端重要的工作，是为国家立心、为民族立魂的工作。党的二十大报告提出，要牢牢掌握党对意识形态工作领导权，全面落实意识形态工作责任制，巩固壮大奋进新时代的主流思想舆论。意识形态关乎旗帜、关乎道路、关乎人民的幸福安康、关乎国家的政治安全，决定着中华民族伟大复兴的精神力量。在全面建设社会主义现代化国家新征程上，全区上下要深刻认识意识形态工作的极端重要性，坚持用习近平新时代中国特色社会主义思想凝心铸魂，认真落实中央和自治区党委有关决策部署，坚决维护全区政治安全和意识形态安全。

（一）坚持马克思主义在意识形态领域指导地位的根本制度

党的十九届四中全会审议通过的《中共中央关于坚持和完善中国特色社会主义制度、推进国家治理体系和治理能力现代化若干重大问题的决定》，强调坚持马克思主义在意识形态领域指导地位的根本制度，并作出一系列重大部署。这是我们党第一次把马克思主义在意识形态领域的指导地位作为一项根本制度明确提出来，是关系党和国家事业长远发展、关系我国文化前进方向和发展道路的重大制度创新，集中体现了我们党在领导文化建设长期实践中积累的成功经验和形成的方针原则，充分反映了以习近平同志为核心的党中央对社会主义文化建设规律的认识进入了一个新的境界。

马克思主义深刻揭示了自然界、人类社会、人类思维发展的普遍规律，为人类社会发展进步指明了方向，是我们立党立国、兴党兴国的根本指导思想，是指引我们不断夺取革命、建设、改革胜利的强大思想武器。可以说，坚持马克思主义在意识形态领域指导地位的根本制度，是恪守党的本质属性、巩固党的团结统一的必然要求，是坚持正确发展道路、实现国家长治久安的必然要求，是筑牢全体人民共同思想基础、凝聚团结奋进强大精神力量的必然要求，是保证我国文化建设正确方向、更好担负起新时代使命任务的必然要求，其意义重大而深远。

（二）卓有成效抓好“首要政治任务”的学习宣传贯彻落实

广西按照主题教育“学思想、强党性、重实践、建新功”的总要求，把学习宣传贯彻习近平新时代中国特色社会主义思想作为首要政治任务，坚持不懈用党的创新理论凝心铸魂。在理论学习方面，扎实做好《习近平著作选读》《习近平新时代中国特色社会主义思想专题摘编》等权威读物的学用工作，健全完善党委（党组）理论学习中心组“第一议题”制度和列席旁听、督查考核、情况通报等机制，强化领学示范，着力在以学铸魂、以学增智、以学正风、以学促干上下功夫，兴起“桂在学习”热潮，推动党的创新理论入脑入心入行。在理论宣传宣讲方面，深入实施党的创新理论传播工程，组织拍摄电视专题片《紧跟伟大复兴领航人踔厉笃行》，建强用好“学习强国”广西学习平台，持续打造《说事论理》《凡事说理》等理论大众化品牌，广泛开展对象化、分众化、互动化宣传宣讲，以全媒体方式、大众化语言、艺术化形式，讲明白党的创新理论的道理、学理、哲理。在理论研究阐释方面，组织社科机构、高校等专家学者聚焦建设新时代壮美广西、中国—东盟命运共同体建设等重大理论和实践问题，推出一批有分量有价值的理论成果，真正把学习成效转化为推动广西高质量发展的强大动能，推动党的创新理论在八桂大地落地生根、开花结果、尽收其效。

（三）坚持党管媒体原则不动摇，牢牢掌控网上网下舆论主导权

近年来，广西统筹网上网下、内宣外宣，大力宣传阐释党的路线方针政策，生动呈现广西改革发展成就，让主旋律更强劲、正能量更充沛。突出政治引领，把习近平新时代中国特色社会主义思想宣介作为重中之重，深化头版头条、首页首屏建设，聚焦贯彻落实习近平总书记对广西“五个更大”重要要求、视察广西“4·27”重要讲话和对广西工作系列重要指示精神，开展全方位宣传报道，立体展现全区上下牢记嘱托、感恩奋进的生动实践。统筹各级媒体开设“深入学习贯彻党的二十大精神”“重实效　强实干　抓落实”等专题专栏，组织开展“新时代　新征程　新伟业”“推动高质量发展调研服务”等重大主题宣传，持续加强“稳预期、强信心”宣传，持续做好“全国模范检察官”曹艳群、“感动中国2022年度人物”杨宁、“大国工匠”郑志明等先进典型宣传报道，坚定发展信心、汇聚强大正能量。守好网络主阵地，保障网络空间规范有序。建立健全重大网络舆情监测和处置机制，加快推进网上内容建设与管理，深化网络生态治理，深入开

展“清朗”“净网”等系列专项整治行动，持续推进短视频网络直播、网络账号运营、网上文娱等领域乱象治理，有效遏制各类违法违规信息在网上传播扩散，推动网络生态持续向好，为建设新时代壮美广西营造良好的舆论环境。科学推进网络立法进程，奠定网络空间法治基础。广西坚持高位谋划，将网络法治建设列入自治区“十四五”网信发展规划重点内容，颁布实施《广西壮族自治区大数据发展条例》，修订出台《广西壮族自治区党委（党组）网络意识形态工作责任制实施细则》《广西壮族自治区党委（党组）网络安全工作责任制实施办法》等党内法规，研究制定广西《关于加强新时代网络法治工作的实施方案》，不断推进网络法治理论创新研究，持续夯实网络法治基础。结合“八五”普法规划实施方案，加强网络普法。以国家网络安全宣传周广西系列活动为抓手，深入推动网络普法进农村、进社区、进校园、进机关、进企业、进家庭“六进”活动，举办青少年普法日、网络安全技术专家进校园、网络辟谣进高校等活动，增强普法教育的针对性和实效性。大力加强网络法治宣传，指导区内主要新闻网站开设“广西普法”“宪法进网络”等专题专栏150余个，组织开展2023年“全国网络普法行·广西站”等活动，推动形成全网学法用法的良好氛围，有效提升全社会网络法治意识和素养。

（四）持续开展文明创建活动，广泛践行社会主义核心价值观

近年来，广西大力培育和广泛践行社会主义核心价值观，推动形成适应新时代的思想观念、精神面貌、文明风尚、行为规范。持续深化社会主义核心价值观建设，大力弘扬以伟大建党精神为源头的中国共产党人精神谱系，扎实推进长征国家文化公园广西段建设，广泛开展爱国主义、集体主义、社会主义教育以及国防教育和民族团结进步宣传教育，深入开展“强国复兴有我”群众性主题宣传教育，大力选树八桂楷模、道德模范、最美人物、新时代好少年等，引导全社会崇德向善、见贤思齐。持续深化群众性精神文明创建，突出常态长效，深入推进文明城市、文明村镇、文明单位、文明家庭、文明校园创建和未成年人思想道德建设，城乡环境明显改善，社会文明程度不断提升。持续深化新时代文明实践工作，以群

众需求为导向、以志愿服务为抓手，整合平台阵地资源，积极推动新时代文明实践提档升级，持续深化拓展新时代文明实践中心建设，提升文明实践志愿服务供给质量，培育了一批有影响、能复制、可持续的志愿服务品牌项目，推出了一系列务实管用的志愿服务激励举措，推进新时代文明实践中心建设从有形覆盖到有效覆盖跃升。截至2023年6月，广西共建成新时代文明实践中心（所、站）1.78万个，注册志愿组织（团队）6万多支，注册志愿者1137万余人，志愿服务在八桂大地蔚然成风。全面提升乡风文明程度。2022年底，广西启动“壮美广西　锦绣乡村”乡村振兴主题文化活动，专项治理农村移风易俗重点领域突出问题，推进乡村精神文明建设，探索城乡精神文明融合发展模式，坚持“输血”与“造血”结合，将文明城市创建与农村精神文明建设衔接起来，为乡村振兴凝聚精神动力。全力打造公民道德建设品牌，组织开展道德模范故事汇基层巡演和基层宣讲，深入宣传模范人物的先进事迹，做好慰问帮扶和关爱礼遇工作，持续打造未成年人思想道德建设品牌，提升新时代好少年评选活动品牌效应，让社会主义道德的阳光温暖人间，让文明的雨露滋润社会。

（五）坚持为民惠民，文化文艺繁荣发展

广西始终坚持以人民为中心的工作导向，自觉践行“两个结合”，立足民族特色和资源禀赋，大力发展社会主义先进文化，推动中华优秀传统文化创造性转化、创新性发展，不断满足人民群众日益增长的精神文化需求。强化精品意识，深入实施广西当代文学艺术创作工程，推出一大批彰显桂风壮韵的文艺精品。彩调剧《新刘三姐》荣获第十七届文华奖，与电影《秀美人生》一并入选第十六届精神文明建设“五个一工程”，电视剧《大山的女儿》在区内外反响热烈，纪录片《苗寨八年》荣获全国电视文艺“星光奖”，电影《黄大年》荣获第十八届中国电影华表奖优秀故事片奖。打造特色品牌，举办《新民歌大会》、潮音·2023新民歌挑战赛，持续打造“壮族三月三·八桂嘉年华”文化旅游品牌。2023年“三月三”系列活动带动全区文化旅游强劲复苏，实现旅游消费619.34亿元，同比增长73.39%；“桂字号”商品零售额61.2亿元，同比增长45%。以“戏剧+”模式，创新举办桂林艺术节，进一步擦亮“文学桂军”“漓江画派”“八桂书风”“广西有戏”“刘三姐歌谣”等文化品牌。丰富文化供给，突出上下联动、城乡统筹，持续推进公共文化服务标准化均等化建设，公共文化服务设施网络基本实现全覆盖。深入实施文化惠民工程，常态化开展送文艺精品下基层惠民演出、农村公益电影

彩调剧《新刘三姐》获第十七届中国文化艺术政府奖文华大奖、
中宣部第十六届精神文明建设“五个一工程”优秀作品奖

放映，发行文化惠民卡，推动农家书屋提质增效，人民群众文化获得感幸福感更加充实。持续深化文化体制改革，壮大文化产业发展专项资金，不断提升文化产业竞争力。引导广大文艺院团把创作聚焦到党和国家的重要时间点、重大战略和重大倡议上来，聚焦到自治区的重大工作上来，特别是围绕平陆运河建设、西部陆海新通道建设等重点工作积极创作一批舞台艺术作品。

（六）拓展平台渠道，对外宣传成效明显

广西主动服务国家周边外交战略，深耕东盟、拓展渠道，助力构建更为紧密的中国—东盟命运共同体。做好重大主题对外宣传。推出《习语译播》《一词一世界》等专题专栏，通过多语种译播等方式宣介习近平新时代中国特色社会主义思想，充分展示大国领袖的风采魅力。围绕全面贯彻落实党的二十大精神、中国—东盟博览会创办20周年等主题，联合中央外宣媒体、境外主流媒体，对外讲好中国故事、中国共产党的故事、广西正在经历的新时代故事。拓展对外交流广度深度。借助高层外事活动，扩大“东盟伙伴”媒体合作论坛、中国—东盟文化论坛等交流平台的影响力，持续开展“壮美广西境外行”“境外媒体看广西”和中国—东盟视听周、音乐周、戏剧周、电影文化周等活动，推动中华文化走出去。与东盟国家合办《中国剧场》《中国电视剧》《中国动漫》等栏目，积极传播具有中国气派、体现广西特色的文化产品。加强国际传播能力建设。加快构建重点面向东盟的国际传播体系，推动中国—东盟传媒港、中国—东盟网络视听产业基地建设，在东盟国家建立译制站、工作站、国际联络站，与38个“一带一路”沿线国家和

地区的60多家媒体建立合作关系，巩固拓展边境外宣阵地，以“广西之窗”展示“中国之治”，以“广西之进”呈现“中国之强”。

四、共建边疆稳定平安家园

党的二十大报告明确指出，支持革命老区、民族地区加快发展，加强边疆地区建设，推进兴边富民、稳边固边。广西是边境地区、民族地区，团结稳定事关国家安全、百姓福祉。新时代新征程，广西要持续深入推进兴边富民行动，推动各民族共建共治，从政治、经济、社会、文化等方面多位一体积极构建边疆稳定平安家园。

（一）多措并举，推进新时代兴边富民行动走深走实

2022年以来，广西以铸牢中华民族共同体意识为主线，持续推进新时代兴边富民行动，推动边境地区民族团结进步和高质量发展取得更大实效。

加快基础设施建设。广西不断加大对边境地区基础设施建设政策资金支持力度，加快提升边境地区基础设施公共服务水平。2022年崇左至凭祥城际铁路年度完成投资30.16亿元，年度投资计划完成率215.42%；百色至那坡至平孟高速公路（那坡至平孟口岸段）等沿边高速公路年度投资计划完成率均在100%以上。边境地区已实现县县通高速公路、乡乡通等级沥青（水泥）路、行政村通硬化路，所有行政村通客车，光纤网络通达全部行政村，4G网络全覆盖边境乡镇和行政村。

着力保障和改善民生。生活补助方面，广西积极筹措陆地边境0—3公里边民生活补助资金近10亿元，用于8个边境县（市、区）约40万边民的生活补助。社会救助方面，将符合条件的困难群众按规定纳入低保或特困人员救助供养范围，2022年8个边境县（市、区）城乡低保保障人数16.35万人，累计支出城乡低

> 知识链接
>
> **兴边富民“六大工程”**
>
> ★ 围绕强基固边推进边境地区基础设施建设。
>
> ★ 围绕民生安边全力保障和改善边境地区民生。
>
> ★ 围绕产业兴边大力发展边境地区特色优势产业。
>
> ★ 围绕开放睦边着力提升沿边开发开放水平。
>
> ★ 围绕生态护边加强边境地区生态文明建设。
>
> ★ 围绕团结稳边通力维护民族团结和边防稳固。

保资金3.8亿元，有效保障困难群众基本生活。医疗保障方面，边境0—20公里范围内农村居民合作医疗个人缴费部分由财政全额补贴，特困人员全部得到救助供养，实现边境县城乡全民基本医疗保障全覆盖。教育提升方面，2022年累计下达边境地区学校建设专项资金约4.13亿元，支持边境地区新建、改扩建学校391所；下达经费3000万元，推进教育信息化建设，支持8个边境县（市、区）村小、教学点、抵边乡镇中小学专题课堂建设。

大力推动经济发展。2022年广西共安排专项债券10.3亿元，支持边境8个县（市、区）加快打造一批特色产业集聚区。深入实施“百企入边”行动，大力发展边贸落地加工、农村电子商务等特色产业，营造业兴人聚的良好环境。创新实施“边贸＋扶贫”“边贸＋电商”等发展模式，广西5个边境经济合作区实现外贸进出口额866亿元，占全区外贸比重约13.2%。

（二）多位一体，推进边疆稳定平安家园建设

牢固树立总体国家安全观，加强边疆地区政治和社会基础性工作。广西坚持底线思维，强化风险意识，健全反渗透、反颠覆、反分裂、反邪教常治长效机制，加强风险预警、防控机制和能力建设，严密防范暴力恐怖风险，坚决捍卫国家政治安全。贯彻落实好党的民族政策，引导各族群众树立正确的国家观、民族观、文化观、历史观，不断增强对伟大祖国、中华民族、中华文化、中国共产党、中国特色社会主义的认同，形成建设边疆稳定平安家园的强大合力。

推进边疆地区现代化，夯实稳定平安家园建设的物质基础。广西打赢脱贫攻坚战、全面实现小康，实现了边疆地区高质量发展的第一步，但实现共同富裕和现代化仍需全社会共同努力。广西通过融入国家区域发展布局、推进兴边富民行动、实施乡村振兴战略、开展对口支援等措施，促进边疆地区融入国内国际双循环新发展格局，提高人民群众的收入水平和文化教育水平，促进边疆地区经济和民生可持续发展，提高各族群众的获得感、幸福感、安全感。

加强交往交流交融，形成全国一盘棋支持边疆地区发展的新机制。集中力量办大事是我们的制度优势。广西与发达地区加强双向交流，深化粤桂帮扶合作，从扶贫帮扶向铸牢中华民族共同体意识合作转变，从经济帮扶向深化产业合作和文化帮扶转变，积极探索发达地区与边疆地区铸牢中华民族共同体意识的合作机制。边疆地区也要充分借助交往交流交融带来的有利条件和优势，进一步将外部优势转化为发展的内生动力，使边疆地区各族群众享受到更多的发展红利。

知识链接

“国旗工程”聚民心

国庆期间，广西边境线上的城市、村屯都挂上国旗，一面面鲜艳的五星红旗成为边境线上最耀眼的“中国红”。“国旗街”“国旗村”成为祖国南疆亮丽的风景线。

2002 年起，广西在全国首创实施“国旗工程”，先后在边境一线、海疆一线和少数民族乡建设国旗台（杆），全区 1513 个国旗工程点常年悬挂国旗，以此开展爱国主义、国防教育和民族团结进步教育，是广西实施爱国主义教育、国防教育和民族团结进步教育的品牌工程。

无国即无家，国强才能民安，国旗的意义无比重大。瞻仰着同一面五星红旗，高唱着同一首歌，各族群众的心贴得更近，中华民族共同体意识更加牢固。

筑牢祖国南疆安全屏障，赋能边疆稳定平安家园建设。广西保卫祖国南疆稳定安全的任务十分繁重，有效维护边疆稳定安宁，离不开守护平安的边防部队和执法队伍，同样也离不开边境各族群众。广西注重提高边民国家安全意识和素养，建立各民族共建共治的边疆稳定安全体制机制，筑牢国家安全人民防线。发动群众积极参与打击妨害国（边）境管理犯罪行为，严防非法出入境和走私贩私，构建严密的边境安全“防护网”。进一步加强边境地区的生态环境保护，构筑边疆地区生态安全屏障。

国家安全关系到国家存亡、人民幸福，没有国家安全，就没有和平稳定的建设环境，就没有社会主义现代化。新时代大学生肩负中华民族伟大复兴之大任，应该深切关注国家安全，树立国家安全和利益高于一切的观念和意识，自觉维护国家安全。

思考题

1. 自古以来，广西就是守边戍边的前哨和屏障，作为边疆民族地区，在守好祖国的南大门方面发挥了什么作用？

2. 广西在全国率先提出建设铸牢中华民族共同体意识示范区。结合课程学习，谈谈自己的理解。

3. 2022 年以来，广西的兴边富民行动取得了哪些最新成就？

Chapter 6 第六章

在推进全面从严治党上取得更大成效

全面从严治党是新时代党的自我革命的伟大实践，也是新时代党治国理政的鲜明特征和党的建设的鲜明主题。党的二十大报告强调，“全面建设社会主义现代化国家、全面推进中华民族伟大复兴，关键在党”，“必须持之以恒推进全面从严治党，深入推进新时代党的建设新的伟大工程”。习近平总书记在参加党的二十大广西代表团讨论时发表重要讲话，要求广西在推进全面从严治党上取得更大成效。贯彻党的二十大精神，就要深入推进新时代党的建设新的伟大工程，全面推进自我净化、自我完善、自我革新、自我提高，努力在推进全面从严治党上取得更大成效，为奋力开创新时代壮美广西建设新局面提供坚强保障。

一、坚持以党的政治建设为统领

讲政治是马克思主义政党突出的特点和优势。党的十八大以来，党中央把党的政治建设纳入新时代党的建设总体布局并摆在首位，强调坚持党中央集中统一领导是最高政治原则。为坚定不移全面从严治党，深入推进新时代党的建设新的伟大工程，党的二十大对新时代党的建设工作作出七大战略部署，把坚持和加强党中央集中统一领导作为第一位的任务。坚持以党的政治建设统领党的建设各项事业，必须深刻领悟“两个确立”的决定性意义，充分认识坚持和加强党中央集中统一领导的极端重要性，全面落实新时代党的建设总要求，把坚持党的领导贯穿新时代壮美广西建设全过程，引导全区广大党员干部和各族人民在党的旗帜下团结成“一块坚硬的钢铁”，心往一处想、劲往一处使，确保党的二十大精神和习近平总书记系列重要指示要求在广西落地生根、开花结果，尽收其效。

（一）深刻领悟“两个确立”的决定性意义

“两个确立”的提出是历史必然。党的十九届六中全会通过的《中共中央关于党的百年奋斗重大成就和历史经验的决议》指出：“党确立习近平同志党中央的核心、全党的核心地位，确立习近平新时代中国特色社会主义思想的指导地位，反映了全党全军全国各族人民共同心愿，对新时代党和国家事业发展、对推进中华民族伟大复兴历史进程具有决定性意义。”这是深刻总结党的百年奋斗历史经验，特别是新时代伟大实践得出的重大历史结论，是体现全党共同意志、反映人民共同心声的重大政治判断，是党的十八大以来最重大的政治成果。

“两个确立”是推动党和国家事业取得历史性成就、发生历史性变革的决定性因素。党的十八大以来，以习近平同志为核心的党中央把全面从严治党纳入“四个全面”战略布局，刀刃向内、刮骨疗毒，猛药祛疴、重典治乱，刹住了一些长期没有刹住的歪风，纠治了一些多年未除的顽瘴痼疾，消除了党、国家、军队内部存在的严重隐患，找到了自我革命这一跳出治乱兴衰历史周期率的第二个答案，自我净化、自我完善、自我革新、自我提高能力显著增强。正是因为有习近平总书记领航掌舵，全党才有了“顶梁柱”，14亿多中国人民才有了“主心骨”；正是有了习近平新时代中国特色社会主义思想的科学指引，全党全军全国各族人民才有了思想上的“定盘星”、行动上的“指南针”。实践充分证明，“两个确立”是党在新时代取得的重大政治成果，是党应对一切不确定性的最大确定性、最大底气、最大保证。

深刻领悟“两个确立”的决定性意义，要求我们坚定自觉地把“两个维护”铸入灵魂、融入血脉，作为政治操守、职责本分，作为政治纪律、政治规矩，体现在坚定贯彻党中央决策部署的行动上，体现在履职尽责、做好本职工作的实效上，体现在日常言行上，自觉在思想上政治上行动上同以习近平同志为核心的党中央保持高度一致，在习近平总书记和党中央统一指挥的大合奏中，把广西和声唱好唱响。

（二）坚决维护党中央的集中统一领导

坚持党中央集中统一领导作为党的最高政治原则，具有极端重要性。这是中国共产党百年奋斗实践中不断总结历史经验形成的重大政治成果，是中国共产党之所以能的根本政治优势。党政军民学，东西南北中，党是领导一切的。治理好我们这样的大党大国，保证党的团结和集中统一至关重要，维护党中央权威和集中统一领导至关重要。新时代党和国家事业取得历史性成就、发生历史性变革，根本在于有习近平总书记作为党中央的核心、全党的核心领航掌舵，在于有习近平新时代中国特色社会主义思想科学指引。以习近平同志为核心的党中央郑重提出，党的领导是党和国家的根本所在、命脉所在，是全国各族人民的利益所系、命运所系；指出中国共产党是执政党，党的领导是做好党和国家各项工作的根本保证，是我国政治稳定、经济发展、民族团结、社会稳定的根本点，绝对不能有丝毫动摇。

坚决维护党中央的集中统一领导，就要全面、系统、整体加以落实。党中央从政治建设、思想建设、组织建设、作风建设、纪律建设等方面着手，坚持加强党的全面领导和党中央集中统一领导，系统完善党的领导制度体系，使我们这个拥有9800多万名党员的马克思主义政党更加团结统一，战胜一系列风险

> 治理我们这样的大党大国，如果没有党中央权威和集中统一领导，如果没有全党全国思想统一、步调一致，什么事也办不成。
>
> ——习近平总书记2022年10月25日在二十届中央政治局第一次集体学习时的重要讲话

挑战、完成一系列艰巨繁重任务，推动我国迈上全面建设社会主义现代化国家新征程，实现中华民族伟大复兴进入不可逆转的历史进程。

坚决维护党中央的集中统一领导，就要坚定拥护“两个确立”、坚决做到“两个维护”。“两个维护”作为新时代管党治党、治国理政的根本政治要求，要体现在各项制度规定中，贯彻到党和国家工作的全过程各方面，落实到各级党组织和广大党员的行动上。“做到‘两个维护’”作为党的二十大通过的党章在党员义务中进一步增写的重要内容，我们必须深刻领悟“两个确立”的决定性意义，把握新时代新征程党的中心任务，坚定不移把拥护“两个确立”真正转化为坚决做到“两个维护”的思想自觉、政治自觉、行动自觉，发自内心地敬仰爱戴党的核心，持之以恒地学习习近平新时代中国特色社会主义思想，把忠诚核心、拥戴核心、维护核心、捍卫核心融入灵魂深处、付诸实际行动。

坚决维护党中央的集中统一领导，就要坚决贯彻落实党中央决策部署。广西对标对表党的二十大精神，修订完善《自治区党委常委会关于坚决维护以习近平同志为核心的党中央权威和集中统一领导的规定》，认真实施“一把手”政治能力提升计划，坚决维护习近平同志党中央的核心、全党的核心地位，坚决维护党中央权威和集中统一领导，坚持把学习贯彻习近平总书记最新重要讲话和中央有关重要文件精神作为自治区党委常委会会议第一议题，及时贯彻落实，完善党中央重大决策部署和习近平总书记重要指示批示贯彻落实的督查问责机制，自觉做到党中央和习近平总书记提倡的坚决响应，党中央和习近平总书记决定的坚决执行，党中央和习近平总书记禁止的坚决不做，不讲条件、不打折扣、不搞变通，确保党的二十大新部署新要求和中央大政方针在八桂大地落细落实。

（三）牢牢把握新时代壮美广西建设的正确政治方向

把新时代壮美广西建设嵌入中国式现代化全局，要自觉把新时代壮美广西建设放在党和国家事业全局中去思考谋划，坚持以党的二十大精神为指引，深入贯彻落实习近平总书记对广西“五个更大”重要要求、视察广西“4·27”重要讲话和对广西工作系列重要指示精神，牢牢把握为什么建设、建设什么样、怎样建设新时代壮美广西等重大问题，进一步完善建设新时代壮美广西的思路举措。要把党的二十大精神落实到广西经济社会发展各方面，贯彻落实党的二十大的新部署新要求，扎实推进脱贫致富、生态环保、桂林世界级旅游城市、西部陆海新通道、中国（广西）自由贸易试验区、粮食安全、平陆运河、环北部湾广西水资源配置、进军东盟市场以及干部队伍建设和党的建设等重点工作，坚定不移沿着高质量发展这条“最优曲线”“最佳路径”迈进，奋力开创新时代壮美广西建设新局面，以实干实效向党中央和习近平总书记交上一份精彩的“广西答卷”。

（四）广西加强政治监督工作取得明显成效

在坚持和加强党中央集中统一领导，始终统一思想、统一意志、统一行动方面，有力推动各级党组织和党员干部把政治建设摆在首位，旗帜鲜明坚持和加强党的全面领导，严守政治纪律和政治规矩，自觉在政治立场、政治方向、政治原则、政治道路上同以习近平同志为核心的党中央保持高度一致，坚定拥护“两个确立”、坚决做到“两个维护”。

在坚持不懈用习近平新时代中国特色社会主义思想凝心铸魂，始终不忘初心、牢记使命方面，有力推动各级党组织和党员干部把学习贯彻习近平新时代中国特色社会主义思想摆在突出重要位置，常学常新，深入领会蕴含其中的道理、学理、哲理，并转化为坚定理想、锤炼党性和指导实践、推动工作的强大力量。

在与时俱进提高执政能力和领导水平，深入贯彻落实党的二十大战略部署和习近平总书记重要要求方面，有力推动各级党员领导干部正确把握局部和整体、当前和长远，完整准确全面贯彻新发展理念，更加自觉地把工作置于党和国家大局中谋划推进，把党的二十大战略部署和习近平总书记重要要求特别是对广西“五个更大”重要要求转化为本地区本部门的重要工作任务。

在始终保持干事创业精神状态，深入解决广西发展堵点淤点难点方面，有力推动各级党组织和党员干部牢记“三个务必”，始终保持艰苦奋斗、奋发有为的精气神，大力推进产业振兴、乡村振兴、科教振兴，有力破解产业实力和创新能力不强、营商环境不佳、干部担当精神不足等问题。

在坚定不移深入推进全面从严治党，始终及时发现和解决自身存在问题方面，有力推动各级党组织和党员干部牢记“两个长期存在”“两个永远在路上”，坚决贯彻全面从严治党战略部署，把严的基调、严的措施、严的氛围长期坚持下去，把党的伟大自我革命进行到底，永葆党的先进性和纯洁性。

在纪检监察工作高质量发展，确保广西始终保持风清气正政治生态方面，有力推动各级纪检监察机关和干部把政治监督摆在首位，不断探索政治监督路径方法，不断提升政治监督实效，以政治监督高质量发展推进新时代新征程纪检监察工作高质量发展，进而持续净化党内政治生态，确保党永远不变质、不变色、不变味。

二、加强党的创新理论武装

用党的创新理论武装全党是党的思想建设的根本任务，是推进新时代党的思想理论建设的重大举措。新征程上，广西对标对表党中央部署要求，深入贯彻落实习近平总书记关于开展主题教育系列重要讲话精神，坚持不懈用习近平新时代中国特色社会主义思想凝心铸魂，切实把新时代党的创新理论转化为坚定理想、锤炼党性、指导实践、推动工作的强大力量。

（一）坚持不懈用习近平新时代中国特色社会主义思想凝心铸魂

把习近平新时代中国特色社会主义思想转化为坚定理想的强大力量。习近平新时代中国特色社会主义思想，始终高扬理想信念的旗帜，深刻彰显对马克思主义的信仰，对社会主义、共产主义的信念，深刻彰显新时代中国共产党人的崇高追求和远大抱负。把习近平新时代中国特色社会主义思想转化为坚定理想的强大力量，我们就要把学习成果转化为不可撼动的理想信念，转化为正确的世界观、人生观、价值观，转化为对远大理想和奋斗目标的清醒认知和执着追求，自觉做共产主义远大理想和中国特色社会主义共同理想的坚定信仰者和忠实实践者，坚忍不拔、风雨无阻朝着我们的目标奋勇前进，创造属于我们这一代人的荣光。

知识链接

学习贯彻习近平新时代中国特色社会主义思想主题教育目标要求

开展主题教育，总要求是“学思想、强党性、重实践、建新功”，根本任务是坚持学思用贯通、知信行统一，把习近平新时代中国特色社会主义思想转化为坚定理想、锤炼党性和指导实践、推动工作的强大力量，使全党始终保持统一的思想、坚定的意志、协调的行动、强大的战斗力，努力在以学铸魂、以学增智、以学正风、以学促干方面取得实实在在的成效。要具体达到以下目标：

——凝心铸魂筑牢根本。

——锤炼品格强化忠诚。

——实干担当促进发展。

——践行宗旨为民造福。

——廉洁奉公树立新风。

强党性，就是要自觉用新时代中国特色社会主义思想改造主观世界，深刻领会这一思想关于坚定理想信念、提升思想境界、加强党性锻炼等一系列要求，始终保持共产党人的政治本色。

——习近平总书记2023年4月3日在学习贯彻习近平新时代中国特色社会主义思想主题教育工作会议上的重要讲话

把习近平新时代中国特色社会主义思想转化为锤炼党性的强大力量，我们就要紧密联系党的百年奋斗历程，紧密联系新时代党和国家事业取得的历史性成就、发生的历史性变革，紧密联系这些年来走过的极不寻常、极不平凡的历程，把坚定拥护“两个确立”、坚决做到“两个维护”作为最高政治原则和根本政治责任，落实到实际工作中、体现到一言一行上，始终忠诚核心、拥戴核心、维护核心、捍卫核心。

把习近平新时代中国特色社会主义思想转化为指导实践的强大力量。习近平新时代中国特色社会主义思想是实践的理论，它扎根现实土壤、回应实践需求，从理论和实践的结合上深入回答关系党和国家事业发展、党治国理政的一系列重大时代课题，指引着我们全面建成社会主义现代化强国、实现第二个百年奋斗目标的实际行动。把习近平新时代中国特色社会主义思想转化为指导实践的强大力量，我们必须把握好习近平新时代中国特色社会主义思想的世界观和方法论，坚持好、运用好贯穿其中的立场观点方法，坚持理论和实践相结合，把研究解决实践中的热点、难点问题作为着眼点，坚持知行合一、真抓实干，做起而行之的行动者、不做坐而论道的清谈客，当攻坚克难的奋斗者、不当怕见风雨的泥菩萨，以改造世界的积极成果充分彰显习近平新时代中国特色社会主义思想鲜明的实践品格。

把习近平新时代中国特色社会主义思想转化为推动工作的强大力量。习近平总书记在党的二十大报告中擘画了全面建设社会主义现代化国家、以中国式现代化全面推进中华民族伟大复兴的宏伟蓝图，对统筹推进“五位一体”总体布局、协调推进“四个全面”战略布局作出了全面部署，重点部署了未来五年的战略任务和重大举措。把习近平新时代中国特色社会主义思想转化为推动工作的强大力量，我们就要坚持学以致用、身体力行，在学习中把自己摆进去、把职责摆进去、把工作摆进去，把学习成果落实到干好本职工作、推动事业发展上。要在知行合一中担当作为、勇挑重担，对精神懈怠、得过且过说不，对不敢斗争、避难逃责说不，用知重负重、攻坚克难的实际行动闯关夺隘、攻城拔寨，落实好党的二十大作出的重大决策部署，创造出经得起实践、人民、历史检验的实绩。

（二）突出新时代党的创新理论武装的实践导向

突出实践导向，要大兴调查研究。调查研究是深入学习贯彻习近平新时代中国特色社会主义思想、感悟其真理力量和实践伟力的必然要求。我们要贯彻落实党中央关于在全党大兴调查研究的重大部署，坚持一切从实际出发、理论联系实际，围绕做好事关全局的战略性调研、破解复杂难题的对策性调研、新时代新情况的前瞻性调研、重大工作项目的跟踪性调研、典型案例的解剖式调研、推动落实的督查式调研，沉下心思、扑下身子、用足精力，在深入基层、深入实践、深入群众调查研究中找准方向、摸清情况、理清思路，为全面建设社会主义现代化国家开好局起好步。

突出实践导向，要攻坚破解实际问题。当前世界百年未有之大变局加速演进，不确定、难预料因素增多，国内改革发展稳定面临不少深层次矛盾，各种风险挑战、困难问题比以往更加严峻复杂。突出问题导向，我们要把研究和解决重大现实问题作为理论武装的根本出发点，带着问题学、奔着问题去，聚焦实践遇到的新问题、改革发展稳定存在的深层次问题、人民群众急难愁盼问题、国际变局中的重大问题、党的建设面临的突出问题，自觉从党的创新理论中找思路、找答案、找方法，在攻克一个个“娄山关”“腊子口”中彰显科学理论的实践伟力。

突出实践导向，要不断创新方法途径。时代在发展、实践在变化，理论武装只有不断创新理念、创新方法、创新手段，才能更好回应时代之声、破解问题之困、增进发展之效。我们要用好行动学习探索形成的有效学习工具，着力破解学不深、悟不透、落不实等突出问题。用好团队化学习、结构化研讨、案例化教学等理念，解决好“学用脱节”等问题。用好丰富红色资源，采取“微学习”“微党课”“微宣讲”，沉浸式体验等喜闻乐见、易懂易记的方式，增强感染力、影响力、塑造力，推动理论学习产生“物理裂变”“化学反应”“生物效应”。

三、大力夯实党的组织基础

基层党组织建设是党建工作的基础工程，也是全面从严治党的“最后一公里”。党的二十大报告强调，要坚持大抓基层的鲜明导向，把基层党组织建设成为有效实现党的领导的坚强战斗堡垒，激励党员发挥先锋模范作用，保持党员队伍先进性和纯洁性。广西深入学习贯彻习近平总书记关于加强基层党建工作的重要指示精神，牢固树立大抓基层、大抓支部的鲜明导向，全面夯实党的组织基础，充分发挥全区15万多个基层党组织的战斗堡垒作用和253万名党员的先锋模范作用。

（一）以“五基三化”推进基层党建固本强基

深入开展“五基三化”提升行动，推进基层党建“提质聚力”。广西印发《全区基层党建“五基三化”提升年行动方案》，围绕加强基本组织、基本队伍、基本活动、基本制度、基本保障和促进标准化、规范化、信息化建设，在巩固深化基层党建“五基三化”攻坚年行动成果基础上，持续抓基层、打基础、固基本，持续整顿软弱涣散基层党组织，持续推动基层党组织全面进步、全面过硬。贯彻落实《关于聚焦服务壮美广西建设推进基层党建“提质聚力”的意见》，分类制定农村、街道社区、机关、学校、公立医院、科研院所等领域基层党组织建设标准，推行基层党组织星级化管理，开展农村基层党建“整乡推进、整县提升”示范县乡创建行动，全面提升两新组织“两个覆盖”（党的组织覆盖和工作覆盖）质量，加强城市基层党建工作，推动各领域党支部建设全面进步、全域提升，切实把广西各领域基层党组织建设得更加坚强有力，把党中央决策部署和自治区党委工作要求贯彻落实好，把各领域广大群众组织凝聚好。

> 坚持增强党组织政治功能和组织力凝聚力，锻造敢于善于斗争、勇于自我革命的干部队伍。我们贯彻新时代党的组织路线和好干部标准，以提升组织力为重点、强化政治功能，完善上下贯通、执行有力的组织体系，树立加强基层建设的鲜明导向，推动各级党组织全面进步、全面过硬。总结运用党积累的伟大斗争经验，教育引导党员、干部发扬斗争精神、掌握斗争策略、练就斗争本领，在决胜全面小康、决战脱贫攻坚、抗击疫情、防汛救灾、应对外部打压遏制等一线接受考验。经过新时代全面从严治党的革命性锻造，一些基层党组织虚化弱化边缘化问题得以坚决纠正，爱惜羽毛的“老好人”、推诿扯皮的“圆滑官”、得过且过的“太平官”失去市场，广大基层党组织的战斗堡垒作用和共产党员的先锋模范作用充分彰显，党的政治优势和组织优势不断转化为制胜优势。
>
> ——习近平总书记2022年1月18日在十九届中央纪委六次全会上的重要讲话

（二）以“培根铸魂”激发党员队伍生机活力

不断提高发展党员和党员教育管理水平。广西坚持把发展党员作为源头工程来抓，实施青年、工人、农村、人才、两新等五大发展党员专项计划，把思想入党教育贯穿始终，突出政治标准，推动全区党员队伍总量规模适度扩大、结构持续优化、素质不断提升。深化党支部组织生活质量提升行动，分类打造一批标杆支部，示范引领基层党组织提高组织生活质量。严肃党内政治生活，严格党员日常教育管理，全力推动落实“三会一课”、主题党日、组织生活会和民主评议党员等基本制度。

健全完善党员教育工作体系。广西持续开展“党员进党校”活动，开发党员教育教材，建好用活党员培训基地，深化党员教育新阵地“红湾”品牌建设。充分利用百色起义、湘江战役等红色文化资源和党性教育资源，发挥“黄文秀式”好干部的示范引领作用，持续加强党员理想信念教育，巩固拓展党史学习教育成果，推动党史学习教育常态化长效化，引导广大党员传承红色基因，讲好红色故事，赓续红色血脉，永葆初心本色，不断增强信仰信念信心。

（三）以“大战大考”淬炼基层党组织战斗力

充分发挥基层党组织在乡村振兴中的重要作用。广西持续增强基层党组织政治功能和组织功能，充分发挥基层党组织在推动乡村产业、人才、文化、生态、组织等五个振兴中的重要作用，使基层党组织真正成为带领群众共同富裕的“火车头”，大力推进抓党建促乡村振兴提质增效。持续用劲抓好乡村班子建设，全面深化乡村振兴主题培训，分级分批分类开展乡村干部轮训，实施新一轮扶持发展壮大村级集体经济、红色美丽村庄建设计划，常态化开展抓党建促乡村振兴专题调研谈心谈话，派强用好新一轮驻村第一书记和工作队，强化派出单位联村帮扶捆绑责任，凝聚推动乡村振兴的强大合力。

应对新时代基层治理新挑战。广西坚持系统建设和整体建设，大力推进城市基层党建引领基层治理做实做强。全面推行“党建＋网格＋大数据”模式，推动社区“两委”成员、小区党组织成员与业主委员会成员“双向进入、交叉任职”，提升应急管理服务能力，使党组织和党员始终是人民群众可以依靠的“主心骨”。开展街道社区“五好四强”（领导班子好、党员队伍好、运行机制好、工作业绩好、群众反映好，政治领导力强、思想引领力强、群众组织力强、社会号召力强）基层党组织示范创建，构建党组织领导的共建共治共享的城市基层治理格局。

答好新兴领域党建工作新考卷。广西以新思路破解新课题，以新方法应对新挑战，以新成效回应新需求，大力推进新兴领域党建工作创新发展。着力完善新兴领域党建工作体制机制，加强混合所有制企业、非公有制企业党建工作，强化行业主管部门党建工作责任，理顺行业协会学会商会党建工作管理体制；推动建设一批新就业群体综合服务平台，强化对新就业群体的政治引领和关心关爱。

做好“党旗领航”活动新答卷。广西以党建赋能产业发展，在服务中心大局中打造红色引擎、汇聚红色动能，大力推进“党旗领航”系列活动走深走实。深入开展万企兴万村、千所联万企、万所联万会等联建共建活动，把基层党组织建设与西部陆海新通道、平陆运河等重大工程项目建设有机结合起来，牵头成立西部陆海新通道党建联盟，以组织优势激发广西高质量发展“一池春水”，推动人才下乡、干部返乡、能人回乡。推动基层党建有机融入乡村振兴、防灾救灾等急难险重任务和重大项目建设，使党的旗帜始终在大战大考一线高高飘扬。

打好边境地区党建攻坚战。广西牢记习近平总书记“守好祖国南大门”的殷殷嘱托，深入实施边境地区党建“强基固边”行动，突出抓好边疆党建长廊建设，持续开展“边境党旗红”“边疆先锋行”等活动，推动沿海沿边地区党组织应建尽建。抓好“国门”党建示范点、示范带建设，加强“国门”党校建设，发挥好边民党员在兴边富民中的作用。完善向抵边村选派干部长效机制，注重选配懂边疆、善治理、会发展的优秀干部驻村，强化边境发展人才保障，着力把组织优势转化为边疆治理效能，推动基层党组织和广大党员在巩固和发展民族团结、社会稳定、边疆安宁的良好局面中发挥更大作用。

四、以自我革命精神大力推进清廉广西建设

党的二十大报告对新时代正风肃纪反腐工作作出全面部署，强调要坚持以严的基调强化正风肃纪，坚决打赢反腐败斗争攻坚战持久战。这充分彰显了以习近平同志为核心的党中央坚持全面从严治党、将反腐败斗争进行到底的坚定决心和坚强意志。广西认真贯彻落实中央部署要求，以永远在路上的清醒和坚定，以永远吹冲锋号的坚韧和执着，一刻不停推进清廉广西建设，持续推动政治清明、政府清廉、干部清正、社会清朗，全面从严治党不断向纵深发展、向基层延伸、向全社会拓展。

（一）以自我革命精神引领广西全面从严治党

坚持党性党风党纪一起抓。广西以传承党的光荣传统和优良作风为契机，提高党性觉悟，加强党性锻炼。以纠“四风”树新风并举为手段，推动作风建设走深走实、常治长效。锲而不舍落实中央八项规定及其实施细则精神，旗帜鲜明重实效、强实干、抓落实，力戒形式主义、官僚主义，大兴狠抓落实之风、攻坚克难之风、改革创新之风。以全面加强党的纪律建设为抓手，强化党章党规党纪集中学习教育，用身边事教育身边人，用典型案件当头棒喝，让党员干部学纪、明纪、守纪，正确处理自律和他律、治身和治心、信任和监督、原则和感情、高标准和守底线的关系，把遵规守纪内化为“日用而不觉”的言行准则，严于律己、严负其责、严管所辖。坚持把风腐问题统筹来抓、一体纠治，出台《自治区纪委监委机关风腐同治工作机制》，把线索深挖、线索查办、沟通会审、通报曝光、以案促改、研判分析六项机制贯穿监督执纪各环节全过程，推动实现风腐同查同审同析制度化，不断提高治本效能。

完善党的自我革命制度规范体系。广西不断完善党内法规制度体系，出台《加强新时代政治监督的指导意见》等文件，制定进一步加强广西壮族自治区党委常委会自身建设的十条规定等制度，健全台账管理、督查问责、“回头看”等机制，坚决落实制度治党、依规治党要求，把制度建设要求体现到全面从严治党全过程、各方面、各层级。以党章为根本，以民主集中制为核心，健全党中央重大决策部署落实机制，增强党内法规权威性和执行力，用制度促进全面从严治党体系贯通、联动。促进各类监督贯通协调，完善党组织自上而下监督制度机制，推动重点领域监督机制改革和制度建设。巩固深化政治巡视，提升巡视巡察全覆盖质量和水平，精准规范用好问责利器，强化权力运行监督制约机制。

党的十八大以来，党中央以“十年磨一剑”的定力推进全面从严治党，以“得罪千百人，不负十四亿”的使命担当推进史无前例的反腐败斗争，打出一套自我革命的“组合拳”。全面从严治党永远在路上，党的自我革命永远在路上，我们要持之以恒推进党的自我革命，确保党永远不变质、不变色、不变味，使党始终成为中国特色社会主义事业的坚强领导核心。

——习近平总书记2022年10月17日在参加党的二十大广西代表团讨论时的重要讲话

坚决打赢反腐败斗争攻坚战持久战。广西始终保持从政治上看、从政治上抓的高度自觉，坚持不敢腐、不能腐、不想腐一体推进，坚持无禁区、全覆盖、零容忍，坚持重遏制、强高压、长震慑，坚持有案必查、有腐必惩，坚决查处政治问题和经济问题交织的腐败案件，坚决治理政商勾连破坏政治生态和经济发展环境问题，深化整治权力集中、资金密集、资源富集领域腐败，深入整治群众身边不正之风和腐败问题，常态化惩治涉黑涉恶腐败和“保护伞”。2022年广西纪检监察机关共立案17601件、17679人，共给予党纪政务处分16325人，其中立案审查调查区管干部61人，反腐败斗争取得压倒性胜利并全面巩固。广西还坚持用好用活“反面教材”，加强以案促改、以案促治，深化标本兼治、系统施治，不断取得更多制度性成果和更大治理效能。自治区纪委监委选取9个典型案件制作反腐专题片《清廉建设 勇毅前行》，引导党员干部从吃喝的小事小节守起、严起，持续加固中央八项规定堤坝、筑牢防治腐败坚实防线。

着力营造风清气正发展环境。广西加快构建亲清政商关系，落实政商交往正负面清单，制定实施构建新型政商关系意见，坚持亲清无私、公私分明、优质高效、依纪依法，推动形成政商之间既亲又清、良性互动的氛围。强化对重大工程项目的有效监督，确保平陆运河、西部陆海新通道、环北部湾广西水资源配置工程等重大项目廉洁高效推进，建设成为经得起实践和历史检验、让人民满意的优质工程、绿色工程、廉洁工程。

（二）以清廉广西建设推动广西高质量发展

习近平总书记2021年4月视察广西时强调，要始终抓好党风廉政建设，使不敢腐、不能腐、不想腐一体化推进有更多的制度性成果和更大的治理成效。广西认真贯彻落实习近平总书记视察广西“4·27”重要讲话精神和对广西工作系列重

南宁地铁1号线
“南湖·绿城清风站”
廉政文化主题车站

要指示要求，2022年初印发《中共广西壮族自治区委员会关于大力推进清廉广西建设的意见》，制定出台清廉机关、清廉国企、清廉民企、清廉学校、清廉医院、清廉社区、清廉乡村、清廉家庭八个清廉单元建设实施方案，把清廉建设融入全面建设社会主义现代化广西全过程各方面，坚定不移将党风廉政建设和反腐败斗争进行到底，让清廉成为新时代壮美广西的金色名片。2023年1月17日，广西召开全区领导干部警示教育大会，深入学习贯彻习近平总书记关于党的自我革命的战略思想，剖析违纪违法典型案例，强调持之以恒推进全面从严治党，深入推进清廉广西建设。

目前，清廉广西建设工作已经取得初步成效。清廉广西建设的制度性成果和治理成效日益凸显。2022年广西大力推进清廉广西建设，坚持以八个清廉单元建设为抓手，推动形成全面从严治党责任落实、权力运行监督制约、干部教育管理监督、廉洁文化培育、清廉单元建设“五大体系”，全区上下捍卫“两个确立”、做到“两个维护”更加坚定自觉，风清气正政治生态持续巩固，廉洁高效政府建设持续强化，干部队伍担当奉献，社会风尚正气充盈。例如，在清廉学校建设方面，通过推动以“党风优良、校风清明、教风清正、学风清新”为主要目标的清廉学校建设，党对学校的全面领导更加坚实，广大教职工为党育人、为国育才初心使命更加坚定自觉，学校现代治理体系日益健全，权力制约监督机制更加完善，校园运行更加廉洁高效。在清廉医院建设方面，广西重点纠治医务人员索取或收受患者及其家属“红包”礼金、在药品耗材和医疗设备采购过程中收受贿赂等突出问题，

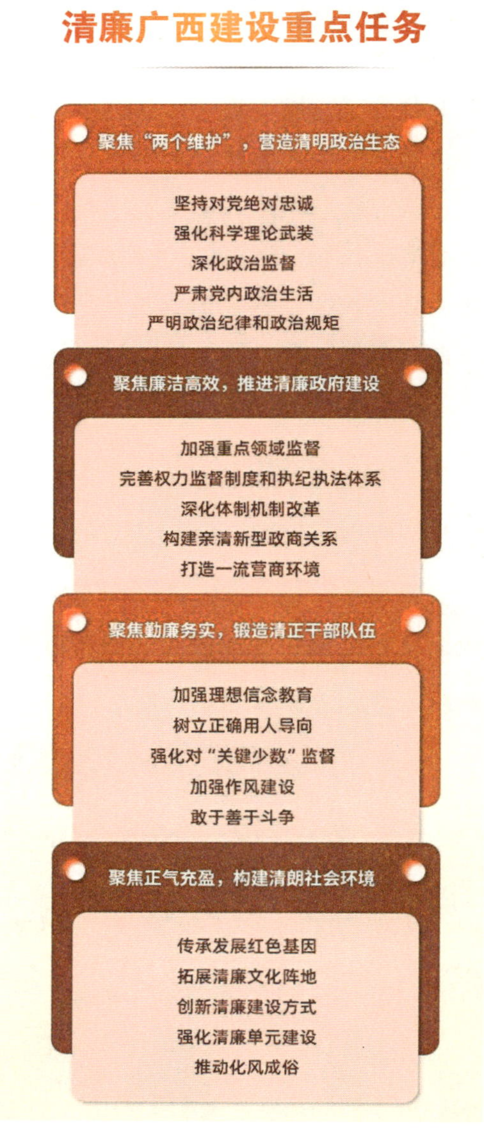

同时有针对性地开展警示教育，推动正风肃纪反腐取得良好的政治效果、纪法效果、社会效果。目前，广西共有341个常用药品和17类医用耗材集采结果在全区落地执行，带量采购品种类别数量居全国前列，平均降幅65.6%，实际减少群众就医负担超70亿元。

融水苗族自治县开展廉政春联送基层活动，营造风清气正廉洁过年的氛围

继续下好清廉广西建设“一盘棋”。2023年4月，印发《中共广西壮族自治区委员会关于全面深化清廉广西建设的意见》，要求全区各级各部门各单位以习近平新时代中国特色社会主义思想为指导，以党的二十大精神为引领，坚持党的全面领导、坚持系统施治、坚持问题导向、坚持融通共建，发扬彻底的自我革命精神，坚决落实全面从严治党政治责任，强化新时代新征程的使命担当，重实效、强实干、抓落实，全面深化清廉广西建设，推动各清廉单元建设向全方位全领域拓展，努力实现政治清明、政府清廉、干部清正、社会清朗。

天地有正气，杂然赋流形。广西紧跟伟大复兴领航人踔厉笃行，在全面贯彻落实党的二十大各项决策部署，奋力谱写中国式现代化广西篇章新征程上，上下贯通、纵深推进清廉广西全域建设，驰而不息、久久为功，绘就风清气正的新时代壮美广西建设新图景。

思考题

1. 习近平总书记在参加党的二十大广西代表团讨论时发表重要讲话，要求广西在推进全面从严治党上取得更大成效。结合本课学习，谈谈自己的理解。

2. 如何牢牢把握新时代壮美广西建设的正确政治方向？

3. 结合身边的事例，谈谈当代大学生如何为清廉学校建设贡献自己的力量。

后　记

《凝心聚力建设新时代壮美广西》由邓军主编，负责拟订大纲，进行全书审改和统稿。查丹明、林春逸、彭金海、唐书生、卫东方、程晓峰、张常永参与全书审改。全书撰写分工如下：第一章，林春逸；第二章，徐秦法；第三章，汤志华、孟旭琼；第四章，曾令辉；第五章，陈铭彬、梁罡；第六章，毛茂林、刘晓华。

本教材图片由广西日报社信息服务部提供图片信息服务。摄影者、供图单位如下(排名不分先后)：陈琳、高如金、龚普康、黄克、黄琼慧、黄小玲、黄业强、黄祯光、江永录、蒋秋、蒋国华、黎寒池、李成华、林启波、刘文毅、龙涛、龙林智、卢文斐、陆赟、潘绍珊、申蓓、谭凯兴、韦晓、韦孟月、韦荣军、韦如代、韦昱寰、吴海册、吴兆荣、肖篰、徐天保、张国兴、周军、周品秋、周星宇、周雨桐、朱小明，广西壮族自治区工业和信息化厅、广西壮族自治区水利厅、广西北部湾国际港务集团等。

本教材在编写过程中，吸收和借鉴了一些专家学者的研究成果，引用和摘录了一些已发表的权威资料和数据，未能一一注明，在此一并表示感谢并致歉！

欢迎使用本书的广大师生对本书提出宝贵意见。

联系电话：0771-2092860

反馈邮箱：bjs_gxbbt@163.com

编　者

2023 年 8 月